I0517894

دل‌هایمان احیا کن

# روت

و تجربهٔ زندگیِ بازیافت شده

مطالعه‌ای بر اساس تعلیمات
نانسی دیماس وُلگموت

مترجم: سابرینا اصلان

RUTH
By Nancy DeMoss Wolgemuth

Published by Revive Our Hearts
P.O. Box 2000, Niles, MI 49120

www.ReviveOurHearts.com

Translator: Sabrina Aslan
Farsi Publisher: Fact Ministries, Inc.
P.O. Box 53507, San Jose, CA 95153
www.factministries.org

ISBN: 978-1-959704-14-0

مطالعۀ روت
نویسنده: نانسی دیماس وُلگموت

مترجم: سابرینا اصلان
صفحه پرداز: مارال کارایی
ناشر فارسی: «راستی» ـ موسسۀ آموزش کتاب‌مقدس
www.delhayemanehiakon.org
شابک: ۹۷۸۱۹۵۹۷۰٤۱٤۰

در خلال مطالعهٔ کتاب روت، به این صفحه مراجعه کنید. همزمان با رنگ کردن تصویر زیر بر کلام خدا تعمق کنید تا دریابید چگونه داستان روت به شما امید واقعی می‌دهد.

———————

زیرا آنچه که در گذشته نوشته شده است، برای تعلیم ما بوده تا با پایداری و آن دلگرمی که کتب مقدس می‌بخشد، امید داشته باشیم.

رومیان ۴:۱۵

# فهرست مطالب

# داستان روت

## فصل اول کتاب روت

### بیوه شدن روت

۱ در ایّامی که داوران حُکم می‌راندند، در
سرزمین اسرائیل قحطی شد. پس، مردی از
بِیت‌لِحِمِ یهودا، با همسر و دو پسرش به
دیار موآب رفت تا در آنجا غُربت گزیند.
۲ نام آن مرد اِلیمِلِک، و نام همسرش
نَعومی بود، و پسرانش مَحلون و کِلیون نام
داشتند. ایشان اِفراتیانی از بِیت‌لِحِمِ یهودا
بودند. پس ایشان به دیار موآب رفته، در
آنجا ماندند. ۳ اما اِلیمِلِک، شوهر نَعومی
درگذشت و او با دو پسرش باقی ماند. ۴ آن
پسران زنان موآبی برای خود گرفتند که
نام یکی عُرپَه و نام دیگری روت بود. ایشان
نزدیک به ده سال در آنجا زندگی کردند. ۵
اما هر دوی آنان، یعنی مَحلون و کِلیون نیز
جان سپردند. بدین‌سان آن زن بدون شوهر
و دو پسرش باقی ماند.

### وفاداری روت

۶ پس نَعومی با عروسانش برخاست تا از
دیار موآب بازگردد، زیرا در دیار موآب شنیده
بود که خداوند به یاری قوم آمده و بدانها
خوراک داده است. ۷ او با دو عروسش از
مکانی که در آن ساکن بود، روانه شد تا به
سرزمین یهودا بازگردد. ۸ اما نَعومی به دو
عروس خود گفت: «بروید؛ هر یک از شما

به خانهٔ مادری خویش بازگردید. خداوند
بر شما احسان کند، چنانکه شما بر آن
مُردگان و بر من احسان کردید. ۹ خداوند
عطا کند که هر یک از شما در خانهٔ
شوهر خود آسایش یابید!» آنگاه ایشان را
بوسید. آنان به صدای بلند گریستند ۱۰ و
به او گفتند: «به یقین با تو نزد قومت
بازمی‌گردیم.» ۱۱ ولی نَعومی گفت: «ای
دخترانم، برگردید. چرا با من بیایید؟ آیا
پسران دیگر در رحِم دارم تا برای شما شوهر
باشند؟ ۱۲ ای دخترانم، برگشته، راه خود را
در پیش گیرید زیرا من برای شوهر کردن
بسیار سالخورده‌ام. حتی اگر بگویم هنوز
برایم امیدی هست، و همین امشب نیز به
شوهر داده شوم و پسرانی هم بزایم، ۱۳ آیا
تا بالغ شدن آنان منتظر خواهید ماند؟ آیا
از شوهر کردن خودداری خواهید کرد؟ نه،
دخترانم! زیرا جان من به خاطر شما بسیار
تلخ شده است، چونکه دست خداوند بر
ضد من دراز گشته است.» ۱۴ پس دیگر بار
به صدای بلند گریستند و عُرپَه مادرشوهر
خود را بوسید، اما روت به وی چسبید. ۱۵
نَعومی گفت: «ببین، زنِ برادرشوهرت نزد
قوم خود و خدایان خویش بازگشته است؛
تو نیز از پی جاری‌ات بازگرد.» ۱۶ اما روت
پاسخ داد: «اصرار مکن که ترکت کنم و از
نزدت بازگردم. هر جا که بروی، می‌آیم، و
هر جا که منزل کنی، منزل می‌کنم. قوم تو
قوم من و خدای تو خدای من خواهد بود.
۱۷ هر جا که بمیری، می‌میرم و همان جا
دفن می‌شوم. خداوند مرا سخت مجازات
کند اگر حتی مرگ مرا از تو جدا سازد.» ۱۸
چون نَعومی دید که روت مصمم به رفتن با
اوست، دیگر هیچ نگفت.

## بازگشت به بِیت‌لِحِم

۱۹ پس هر دو روانه شدند تا اینکه به بِیت‌لِحِم
رسیدند. و چون به بِیت‌لِحِم درآمدند، تمامی
شهر به سبب ایشان به حرکت آمد، و زنان
می‌پرسیدند: «آیا این نَعومی است؟» ۲۰
نَعومی ایشان را گفت: «دیگر مرا نه نَعومی
بلکه مارّا بخوانید، زیرا قادرمطلق به من
مرارت بسیار رسانیده است. ۲۱ من پُر بیرون
رفتم، اما خداوند مرا خالی بازگردانید. چرا
مرا نَعومی بخوانید حال آنکه خداوند مرا
ذلیل ساخته و قادرمطلق به مصیبت گرفتارم
کرده است؟» ۲۲ بدین‌سان نَعومی بازگشت
و عروسش، روتِ موآبی، که از دیار موآب
بازگشته بود، همراه وی آمد. و ایشان در آغاز
موسم درویدنِ جو به بِیت‌لِحِم رسیدند.

برای قومی رنجور که در پیچ و خم قحطی، داوری خدا، و جنگ افتان و خیزان بود، سرزمین اسراییل تبدیل به مکانی تاریک و نامساعد برای زندگی اغلب مردم، و علی الخصوص برای یک زنِ بیوه شده بود. پیش درآمدِ داستان روت پریشانی و ویرانی است. اما به مثال همه داستان‌هایی که نویسندهٔ آن خدا باشد، حتی در عمق این ویرانی‌ها نور امید سوسو می‌زند.

با مشاهده فیض حیرت انگیزی که این روزنه‌های امید به نمایش می‌گذارند، درک خواهید کرد که چرا بسیاری داستان روت را بزرگترین داستان عاشقانهٔ همه ادوار نامیده‌اند. اما این داستان، بیش از آنکه دربارهٔ روابط رُمانتیک باشد، «بازیافت شدن» را به تصویر می‌کشد. این داستان، دربارهٔ خدایی است که قادر است علی‌رغم شرایط نا امید کنندهٔ ما، وقایع ناگوار و تلخ زندگی ما را به شادی و سروری درونی تبدیل کند.

کتاب روت داستان بازگشت گمگشتگانِ سرگردان به منزل است... داستان تبدیل ماتم به رقص و پایکوبی و داستان جایگزینی نا امیدی با جشن و سرور است. اما بیش از هر چیز دیگر، این داستان، در واقع تصویری است از محبت بازیافت کننده و فدیه دهندهٔ شخص عیسای مسیح که همهٔ قطعات شکستهٔ زندگی ما را به دست خویش گرفته و به چیزی بسیار زیبا تبدیل می‌کند.

## موضوعاتی که خواهید آموخت

در خلال این مطالعه انتظار داشته باشید تا این پنج موضوع در عمق قلب شما ریشه بدوانند:

- **امید** خدا شرایط مأیوس کننده را به شادی و

خاکسترهای زندگی ما را به چیزی فوق‌العاده زیبا تبدیل می‌کند. خدا حتی می‌تواند ناامیدترین موقعیت زندگی ما را ترمیم کند.

**عشق**     داستان روت یکی از زیباترین داستانهای عاشقانهٔ همه ادوار است. در این کتاب خواهیم دید که عشق و محبت واقعی، بیش از یک داستان عشقی صرف است. عشق حقیقی، محبتی است بی‌قید و شرط، فداکارانه، و بادوام.

**روابط**     در کتاب روت خواهید دید که چگونه نیروی بازیافت کنندهٔ خدا قادر است روابط آسیب دیده را شفا داده و کامل کند.

**آرامش**     تلاش نعومی در پی یافتن آرامش برای خود و عروسانش به شما نشان خواهد داد که آرامش حقیقی چیزی نیست که با تغییر دادن شرایط محیطی کسب شود، بلکه چیزی است که خدا آن را در قلب‌های ما جاری می‌سازد.

**بازیافت**     در این کتاب در حالی که با روت و نعومی و بوعز همسفر می‌شویم، خواهیم دید که مسیح می‌تواند زندگی شخص ما را نیز به گونه‌ای بازخرید و بازیافت کند که بر همهٔ ضایعات و شکست‌های حاصل از گناهمان فائق آید.

## نکاتی مفید برای استفاده از این کتاب

در حین مطالعهٔ این کتاب از خود بپرسید:

* این متن چه چیزی دربارهٔ قلب خدا، روش‌ها و شخصیت او به من می‌آموزد؟
* این متن چگونه به مسیح و خبر خوش انجیل اشاره می‌کند؟
* آیا در این متن نمونه‌ای وجود دارد که من باید آن را اطاعت و یا از آن اجتناب کنم؟

در صورت وجود چنین نمونه‌ای، چگونه من باید به دنبال تبدیل باشم؟

مطالعهٔ هر یک هفته به پنج بخش تقسیم شده که هر بخش به یکی از روزهای هفته اختصاص داده شده است. اما شما می‌توانید با سرعتی که برای خود مناسب می‌بینید به مطالعهٔ این کتاب بپردازید. با روشی که برای شما مفید است پیش بروید.

در تلاش خود برای درک کلام خدا، همیشه به خاطر بسپارید که روح‌القدس معلم اصلی شماست. خود عیسای مسیح فرمود که روح‌القدس، که به عنوان یک هدیه داده شده است، «همه چیز را به شما خواهد آموخت و هر آنچه من به شما گفتم، به یادتان خواهد آورد.» (یوحنا ۱۴ : ۲۶)

ابزار دیگری نیز وجود دارند که هر چند الزاماً ضروری نیستند، اما می‌توانند شما را در درک بهتر کتاب‌مقدس یاری کنند. پس در صورت تمایل، از منابع زیر استفاده کنید:

- لغت نامه
- ترجمه‌های مختلف کتاب‌مقدس
- آیه یاب کتاب‌مقدس
- دیکشنری کتاب‌مقدس
- کتاب‌های تفسیر
- تعدادی مداد رنگی برای علامت گذاری در کتاب‌مقدس‌تان

در بستر همین مطالعه، سری پادکست‌هایی تحت عنوان «روت و تجربهٔ زندگی بازیافت شده» تهیه شده است. با مراجعه به (www.delhayemanehiakon.org) می‌توانید به این پیام‌ها گوش دهید.

برای استفادهٔ بیشتر شما از این مطالعه، در بخش پایانی این کتاب پرسش‌هایی برای تبادل افکار در گروه‌های کوچک فراهم کرده‌ایم. پس از اتمام مطالعهٔ مطالب مربوط به هر یک هفته می‌توانید به بخش پرسش‌ها مراجعه و به همراه افراد گروه خود به تبادل افکار بپردازید.

## امید ما برای شما

در خلال شش هفته آینده امیدواریم برای زندگی عملی خود حکمت یابید، کتاب‌مقدس خود را با اشتیاق بیشتری مطالعه کنید، و خدا را بهتر بشناسید. امیدواریم اعجاز خدا را در بازیافت شدن شخص خودتان تجربه کنید و اینکه دریابید که هر داستانی در واقع داستان خداست... هر داستانی... حتی داستان شخص شما!

## آیۀ حفظی

در طول این هفته بر این آیه تفکر کرده و آن را حفظ کنید.

# به آنان
# که در صهیون سوگوارند،
# تاجی به عوض
# خاکستر ببخشم،
# روغنِ شادمانی
# به عوض سوگواری،
# و ردایِ ستایش به جای
# روحِ یأس.

اشعیا ۶۱ : ۳

# هفتهٔ اول

## تبدیل خاکستر به تاج زیبایی

**موضوع هفته :** همهٔ ما در وضعیتی درمانده و بدون چاره بسر می‌بریم و نیازمندیم تا بازیافت شویم.

کلمهٔ «خاکستر» چه مفهومـی را بـه فکـر شـما القاء می‌کنـد؟ احتمـالاً تـوده‌ای خاکسـتری رنـگ و ریـگ ماننـد، دودی و کثیـف، و بقایای اشیایی کـه کامـلاً سوخته شده‌انـد ... شـاید هـم چـوب سـوخته شده‌ای کـه بـه پـودر تبدیـل شـده و بایـد آن را جـارو کـرده و بـه داخـل آشغال‌دان ریخت. بـه هـر حـال، هـر تصویـری از خاکسـتر کـه شـما در ذهـن خـود ترسـیم کنیـد، قطعـاً تصویـری نیسـت کـه زیبایـی را تداعـی کنـد.

از همـان ابتـدای کتـاب روت بـا زنـی بـه نـام «نعومـی» روبـرو می‌شـویم کـه گویـا زندگـی او (حداقـل از نقطـه نظـر خـودش) چیـزی نیسـت جـز خاکسـتر و بـس! بـه دور از وطـن خـود، او در فرهنگـی زندگـی می‌کنـد کـه خـدای حقیقـی را نمی‌پرسـتند. همسـر و دو پسـر او مُرده‌انـد و زندگـی او مملـو از مصیبـت اسـت ... موقعیـت او کامـلاً مأیـوس کننـده اسـت. بلـه، درسـت اسـت کـه دو عـروس جـوان او همراهـش هسـتند، امـا بـر حسـبِ فرهنـگ یهـودی حاکـم در آن زمـان، ایـن سـه بیـوه زنِ تنهـا چگونـه می‌توانسـتند نیازهـای یکدیگـر را رفـع کننـد؟

"امّـا خـدا" [دو کلمـه از زیباتریـن کلمـات کلام خـدا !] نقشـهٔ متفاوتـی داشـت. او خاکسـتر زندگـی نعومـی را بـه چیـزی زیبـا و ارزشـمند تبدیـل کـرد. او از داسـتانِ زندگـی نعومـی اسـتفاده نمـود تـا قـدرت بازیافـت کننـدگی خـود را بـه نمایـش بگـذارد ... و نشـان دهـد در جایـی کـه همـه چیـز از دسـت رفتـه و احتمـال بازیافـتِ آن غیـر ممکـن اسـت، او خدایـی اسـت بازیافـت کننـده و بازگردانـنـده.

روز اول: یک وضعیت نا امید کننده

روت ۱ : ۱ - ۱۸ را بخوانید.

در کتاب‌مقدس کتابِ روت یکی از دو کتابی است که به اسم یک زن نامیده شده‌اند (کتاب دیگر کتاب «استر» است). نویسندۀ کتاب روت تمرکز خود را بر دو زن به نام‌های «روت» و مادر شوهرش «نعومی» قرار داده است. این دو زن که هر دو بیوه هستند، بیوه‌گی‌شان باعث شده که در شرایطِ بی‌کسی، علاوه بر فشارهای عاطفی، از فقدان مالی نیز بشدت رنج ببرند. به همین دلیل آنها سرزمین موآب را ترک کردند تا به اسرائیل، یعنی وطن نعومی، بازگردند.

در طول شش هفتۀ آینده، در حینی که به همراه یکدیگر کتاب روت را مطالعه خواهیم کرد، سیری عمیق در این کتاب خواهیم داشت. امّا قبل از هر چیز بیایید نگاهی اجمالی به این کتاب بیاندازیم.

یک بارِ دیگر روت ۱ : ۱ - ۵ را بخوانید.

در توصیف موقعیت نعومی چه کلماتی به ذهن شما خطور می‌کنند؟

-
-
-
-
-

## نگاهی اجمالی بر کتاب روت

### نویسنده

کتاب‌مقدس از نویسندۀ کتاب روت نام نمی‌برد. اما تلمود (روایات یهودی) به سموئیل به عنوان نویسندۀ این کتاب اشاره می‌کند. البته برخی از پژوهشگران احتمال می‌دهند که نویسندۀ این کتاب شاید ناتان نبی، سلیمان و یا یک شخص دیگر باشد.

### زمان

وقایع این کتاب در آخرین دوره از زمان داوران یعنی سالهای بین ۱۱۶۰ و ۱۱۰۰ قبل از میلاد به بوقوع پیوسته است.

### مکان

رخدادهای بخش اول کتاب روت در سرزمین موآب واقع در شرق دریای مُرده و ادامۀ داستانِ کتاب در بیت لحمِ یهودیه اتفاق افتاده است.

آیا مستاصل بودن در موقعیتی ناامید کننده را تجربه کرده‌اید؟ آیا در آن لحظه این وسوسه به فکر شما خطور کرد که: «چگونه ممکن است که از میان این همه سختی، نتیجهٔ خوبی حاصل شود؟!»

در کلام خدا نمونه‌هایی را در نظر آورید که قوم خدا در شرایطی دشوار و نا امید کننده قرار گرفته بودند. فهرستی از این موارد تهیه کنید. (بطور مثال، دو نمونه از اینگونه شرایط در زیر ذکر شده‌اند.)

- قوم اسرائیل، در نا امیدی و ناتوانی، رو به خدا آوردند. (دوم تواریخ ۱۵: ۳-۴)
- داوود پادشاه، هنگامی که پسرش سخت بیمار بود، به سوی خدا فریاد کمک سر داد. (دوم سموئیل ۱۲: ۱۵-۱۷)
- 
- 

داستان روت به زیبایی به ما یادآوری می‌کند که خدا قادر است حتی ناگوارترین وقایع زندگی ما را گوارا سازد. از آنجا که او خدایی است امین و وفادار، دل‌شکستگی‌های ما به شادی و سرور منتهی خواهند گردید و خاکسترهای زندگی ما به زیبایی مبّدل خواهند شد.

در حالِ حاضر چه بخش‌هایی از زندگی شما شبیه «خاکستر» هستند؟

_____

_____

_____

_____

_____

_____

_____

مدتـی را صـرف مطالعـه و تأمـل در اشـعیا ۶۱ : ۱-۳ (کـه در زیـر آمـده اسـت) کنیـد. سـپس در دعـا از خـدا بطلبیـد تـا او در دل شـما ایمـان و امیـد بیافرینـد تـا شـما یقیـن پیـدا کنیـد کـه او می‌توانـد خاکسترهای شما را به تاجی زیبا مبّدل سازد. دعای خود را اینجا بنویسید.

> روحِ خداوندگارْ یهوه بر من است
>
> زیرا که خداوند مرا مسح کرده است تا فقیران را بشارت دهم؛
>
> او مرا فرستاده است تا دلشکستگان را التیام بخشم،
>
> و آزادی را به اسیران و رهایی را به محبوسان اعلام کنم؛
>
> تا سالِ لطفِ خداوند را اعلام نمایم،
>
> و از روز انتقام خدایمان خبر دهم؛
>
> تا همهٔ ماتمیان را تسلی بخشم،
>
> و به آنان که در صهیون سوگوارند، تاجی به عوض خاکستر ببخشم،
>
> و روغـن شـادمانی بـه عـوض سـوگواری، و ردای سـتایش بـه جـای روحِ یـأس

دعای شخصی:

_____

_____

_____

_____


**روز دوم:** ملاقات با هنرپیشگان


روت ۱ : ۱-۱۸ و ۲ : ۱-۱۴ را بخوانید.


اگـر چـه عنـوان ایـن کتـاب «روت» اسـت، امـا او تنهـا شـخصیت ایـن داسـتان نمی‌باشـد. روت، نعومـی و بوعـز، هـر سـه، نقش‌هـای برجسـته‌ای را بـازی می‌کننـد. امـا کتـاب روت افـراد دیگـری را نیـز معرفـی می‌کنـد کـه بـه عنـوان پشـتیبان داسـتان ایفـای نقـش می‌کننـد. در هـر حـال، نکتـهٔ قابـل اهمیـت ایـن اسـت کـه کتـاب روت در واقـع داسـتانی اسـت دربـارهٔ «خـدا».

روت ۱ : ۱-۲ را مجـدداً بخوانیـد و بـر اسـاس آن پنجره‌هـای خالـی شجره‌نامۀ (درخـت خانوادگـی) زیـر را بـا نام‌هـای مربوطـه پُـر کنیـد.

نام‌هـای موجـود در ایـن شجره‌نامه می‌تواننـد مـا را در درک ایـن داسـتان کمـک کننـد. در طـول کتاب‌مقـدس، معمـولاً نام‌هـای افـراد، بـه صورتـی سـمبولیک، حقیقتـی مهـم را دربـارۀ شـخصیت، شـرایط، و یـا فراخواندگـی آن‌هـا (و یـا آرزوی والدین‌شـان!) برمـلا می‌کننـد. لیسـت زیـر بیانگـر افـرادی اسـت کـه در کتـاب روت معرفـی شـده‌اند. بـه نـام و معنـی هـر یـک از آن‌هـا توجـه کنیـد.

| نام | معنی نام |
|---|---|
| اِلیمِلِک | «خدای من پادشاه است» |
| مَحلون | «رنجور، بیمار» |
| کِلیون | «تحلیل رفته» |
| عُرپَه | «گردن» و یا «غزال» |

به منظور توصیف سه شخصیت برجستهٔ داستان «روت» (یعنی نعومی، روت و بوعز)، در مقابل هر یک تعریفی ارائه دهید که آن شخصیت را تعریف کند. شما می‌توانید برای تشریح این شخصیت‌ها از کلمات، نقاشی، شعر و یا اختلاطی از همهٔ اینها استفاده کنید.

نعومی

روت

بوعز

در زبان عبری، نعومی به معنی «دلپسند»، روت به معنی «دوست» و بوعز به معنی «تندی و سرعت» است. آیا به نظر شما شواهدی از این معانی در مطالعهٔ امروز به چشم می‌خورد؟

روت ۱ : ۱۹-۲۱ را مرور کنید. در این بخش، نعومی چه نامی بر خود می‌نهد؟ معنی این نام جدید چه بود؟

در طول شش هفتهٔ آینده با هنرپیشگان این داستان بیشتر خو خواهیم گرفت. اما واقعیت این است که داستان هر یک از آنها به خدا که کارگردان اصلیِ هر داستانی است اشاره می‌کند. در هفته‌های آتی، در مطالعهٔ جز به جز وقایع کتاب روت، ما به وضوح خواهیم دید که در جایی که همه چیز از دست رفته محسوب و از لحاظ منطق انسانی هیچ امیدی برای بازیافت و رهایی از آن وضعیت وجود ندارد، ... «اما خدا» ...

فهرستی از «هنرپیشگان» حاضر در زندگی خود تهیه کنید. در مقابل هر اسم، برای آن موارد غیر ممکنی که فقط خدا می‌تواند آنجا بازیافت و رهایی ایجاد کند، دعای خود را بنویسید.

| هنرپیشه | دعا برای بازیافت شدن |
|---|---|
| | |

## روز سوم: در ایامی که داوران حکم می‌راندند

روت ۱ : ۱ را بخوانید

بخش اولِ اولین آیه از کتاب روت موضوع مهمی دربارهٔ پس زمینهٔ این داستان در اختیار ما قرار می‌دهد: «در ایامی که داوران حکم می‌راندند.»

داوران افرادی بودند که پس از مرگ یوشع، بر قوم اسرائیل حکمرانی می‌کردند. یوشع یک رهبر نظامی و روحانی بود. پس از مرگ موسی که قوم اسرائیل را از مصر بیرون آورده بود، یوشع جانشین رهبر، معلم، و مرشدِ خود موسی گردید. در طول زندگی یوشع قوم خدا اعمال خدا را دیده بودند: آنها از بردگی مصر آزاد شده بودند ... با قدم‌های خود از درون دریای باز شده عبور کرده بودند ... و هدایت‌های خدا را در بیابان تجربه کرده بودند. آنها به چشم خود دیدند که خدا آنها را به سوی سرزمین کنعان هدایت نمود، آنان را بر ملل بیگانهٔ اطرافشان پیروزی بخشید، و در نهایت، سرزمینی را که به آنها وعده داده بود، به مالکیت آنها در آورد.

پس از وفات یوشع و افراد هم دوره‌اش، نسلی جدید روی کار آمد.

داوران ۲ : ۶-۱۳ را بخوانید و افراد هم دورهٔ یوشع را با افراد نسل بعد مقایسه کنید.

| نسل یوشع (آیهٔ ۷) | نسل بعد (آیه‌های ۱۰-۱۳) |
| --- | --- |
| | |

آیهٔ ۱۳ می‌گوید: «آنان [قوم اسرائیل] خداوند را ترک گفته، بَعَل‌ها و عشتاروت را عبادت کردند.» بَعَل و عشتاروت اشاره به خدایان کنعانی می‌کند. کنعان سرزمینی بود که چرخهٔ اقتصاد آن بر کشاورزی می‌گشت و برای آنکه مردم در رفاه و کامیابی زندگی کنند، بارآوریِ دو چیز الزامی بود: اول، زمین بود که می‌بایستی محصول زیادی بدهد ... و دوم، زنانشان بودند که با به دنیا آوردن فرزندان بیشتر، کارگران بیشتری برای برداشت محصول فراهم می‌کردند.

«بَعَل» رئیس خدایان کنعانی بود. معنی واژهٔ بَعَل «آقا» و یا «مالک» است. کنعانیان بر این باور بودند که بَعَل صاحب و مالک زمین آنهاست، و میزان حاصلخیزی زمین‌شان تحت کنترل اوست. عشتاروت هم یار مؤنث بَعَل محسوب می‌شد.

کنعانیان معتقد بودند که حاصلخیزی زمین و باروری زنان‌شان نتیجهٔ رابطهٔ جنسی بین خدایان آنهاست. به این ترتیب، کنعانیان برای آنکه خدایان خود را بر آن دارند که این عمل جنسی را انجام دهند، به ارتفاعات می‌رفتند و بر تپّه‌ها و مکان‌های بلند به انجام اعمال جنسی می‌پرداختند. کنعانیان می‌پنداشتند که اعمال جنسی آنان بر تپه‌ها می‌توانست خدایان آسمان را به انجام اعمال جنسی وادارد ... که نتیجه، حاصلخیزی زمین و باروری زنانشان می‌شد.

به مرور زمان، اسرائیلیان هم جذب این باورها شدند. آنها خود را با فرهنگ کنعانیان تلفیق کرده و بطریق گناهان کنعانیان عمل می‌نمودند. امروزه شما چه شواهدی از یک چنین تاریکی روحانی در فرهنگ اطراف خود می‌بینید؟ این شواهد را در زیر یادداشت کنید.

_____

_____

بر اساس آیه‌های ۱۴-۱۵ واکنش خدا در قبال گناه اسرائیلیان چه بود؟

_____

_____

کتاب داوران با جمله‌ای به پایان می‌رسد که فرهنگ قوم اسرائیل را توصیف می‌کند:

«در آن روزگار پادشاهی در اسرائیل نبود، و هر کس هر آنچه در نظرش پسند می‌آمد می‌کرد.» (داوران ۲۱ : ۲۵)

روت در روزهای تاریکی زندگی می‌کرد، در روزهایی که ظلمت روحانی و فرهنگی او را احاطه کرده بود. در آن محیط، با ایمان زیستن و پارسا بودن امر ساده‌ای برای روت نبود. امروز نیز برای من و شما امر ساده‌ای نیست. اما زندگی روت به ما اطمینان می‌دهد که علیرغم هرگونه ظلمت روحانی و تاریکی فرهنگی که می‌خواهد ما را نیز به دنبال خود بکشد، می‌توان در محیط شغلی، در خانواده، در کلیسا و در جمع اطرافیان خود خداوند را پیروی نمود.

در فیلیپیان ۲ : ۱۵ پولس رسول مطرح می‌کند که چرا در دنیایی که از خدا متنفر است و نمی‌خواهد او را بشناسد، ما باید برای او زیست کنیم. این آیه را در زیر بنویسید و زیر دلایلی که قید شده‌اند خط بکشید.

_____

_____

_____

متــی ۵ : ۱۴-۱۶ را بخوانیـد. چگونـه خـدا پیـروان مسـیح را فـرا خوانـده تـا در ایـن دنیـای تاریـک زیسـت کننـد؟

_____

_____

_____

## روز چهارم: می‌توانی فرار کنی، اما نمی‌توانی خود را پنهان کنی

روت ۱ : ۱-۲ را بخوانید.

آیـا تـا بـه حـال خـود را در شـرایطی دیده‌ایـد کـه در جسـتجوی راهـی بـرای فـرار از فشـارهای زندگـی باشـید؟ البتـه شـاید پرسـش بهتـر ایـن باشـد: «آیـا روزی هسـت کـه دلـم نخواهد از فشـارها فـرار کنـم؟» واقعیـت ایـن اسـت کـه همـۀ مـا در دل فشـار، درد و رنـج، و دشـواریهای کوچـک و بـزرگ زندگـی، بلافاصلـه وسوسـه می‌شـویم تـا از واقعیت‌هـای زندگـی بگریزیـم. داسـتان روت، بـه راسـتی، بـه مـا نشـان می‌دهـد کـه فقـط مـا نیسـتیم کـه در دل دشـواری‌ها اینچنیـن احساسـاتی را تجربـه می‌کنیـم.

در آغاز کتاب روت، قوم اسرائیل با چه نوع مشکلاتی مواجه بود؟ ( آیۀ ۱)

_____

_____

قحطی چیست؟

_____

_____

اگـر چـه دلایـل بسـیاری بـرای بـروز قحطـی وجـود دارد، امّـا کلام خـدا خاطرنشـان می‌کنـد کـه گاهـی خـدا بـا هدفـی خـاص اجـازه می‌دهـد کـه سـرزمینی دچـار قحطـی شـود. در تثنیـه ۳۰ : ۱۵-۱۸ خـدا بـا اسـرائیل یـک عهـد می‌بنـدد. او بـه آنهـا قـول می‌دهـد کـه اگـر از او اطاعـت کننـد، آنهـا را مبـارک سـازد. بـرای آنان فرزنـدان بـه دنیـا می‌آمـد و زمین‌شـان حاصلخیـز می‌شـد. اما اگـر آنهـا از قوانیـن خـدا سرکشـی می‌کردنـد، نتیجـۀ طبیعـی بی‌اطاعتی‌شـان را درو می‌کردنـد: قحطـی، گرسـنگی، تهاجمـات نظامـی دشـمن، و غیـره.

آیه‌هـای زیـر قحطی‌هایـی را توصیـف می‌کنند کـه قـوم اسـرائیل در اثـر بی‌اطاعتـی از خـدا تجربـه کردنـد. ایـن آیه‌هـا را بخوانیـد.

> «و اگـر بـا وجـود ایـن همـه، بـه مـن گـوش فـرا ندهیـد، آنـگاه شـما را بـه سـبب گناهانتـان هفـت چنـدان تأدیـب خواهـم کـرد. فخـرِ قـدرتِ شـما را در هـم خواهـم شکسـت، و آسـمانِ شـما را ماننـد آهـن و زمینتـان را ماننـد مـس خواهـم کـرد. و نیـروی شـما بـه بطالـت صـرف خواهـد شـد، زیـرا زمینتـان محصـول خـود را نخواهـد داد، و درختـانِ زمیـن، میـوهٔ خـود را نخواهنـد آورد.» (لاویـان ۲۶ : ۱۸-۲۰)
>
> «امـا اگـر صـدای یهـوه خـدای خویـش را نشـنوید، تـا بـه هـوش بـوده، تمامـی فرمان‌هـا و فرایـض او را کـه مـن امـروز بـه شـما امـر می‌فرمایـم بـه جـای آوریـد، آنـگاه همـهٔ ایـن لعنت‌هـا بـر شـما خواهـد آمـد و از شـما پیشـی خواهـد گرفـت. در شـهر، ملعـون و در صحـرا نیـز ملعـون خواهیـد بـود. سـبدِ شـما و ظـرفِ خمیرتـان زیـر لعنـت خواهـد بـود. ثمـرهٔ رَحِـمِ شـما و ثمـر زمینتـان و گوسـاله‌های رمـه و بره‌هـای گلـهٔ شـما زیـر لعنـت خواهـد بـود ... آسـمانِ بـالای سـر شـما بـه برنـج بـدل خواهـد شـد و زمیـنِ زیـر پایتـان بـه آهـن. خداونـد بـاران سـرزمین شـما را بـه گَـرد بـدل خواهـد کـرد و از آسـمان غبـار بـر شـما خواهـد باریـد تـا هـلاک شـوید.»
> (تثنیه ۲۸ : ۱۵-۱۸ و ۲۳-۲۴)

در هـر یـک از ایـن قحطی‌هـا، خـدا بلایـای طبیعـی را بـکار گرفـت تـا قـوم خـود را بـه اطاعـت نمـودن بازگردانـد. مـا دقیقـاً نمی‌دانیـم کـه آیـا آن قحطـی کـه اِلیمِلِـک و خانـواده‌اش در بیـت لحـم تجربـه کردنـد نتیجـهٔ داوری و تنبیـه الاهـی بـود یـا نـه! امـا ایـن را می‌دانیـم کـه الیملـک، در رویارویـی بـا آن قحطـی، چـه نـوع واکنشـی را برگزیـد.

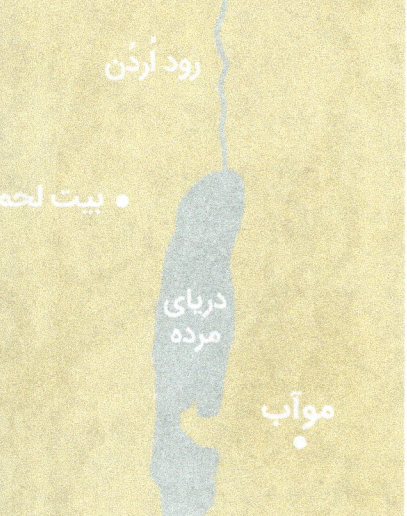

رود اُردُن
بیت لحم
دریای مرده
موآب

## فرار از قحطی

در واکنش نسبت به بروز قحطی، الیملک انتخاب کرد تا وطن خود، یعنی بیت لحم در سرزمین یهودیه را ترک کند و به کشور همسایه یعنی موآب پناه ببرد. به فاصلهٔ یکصد کیلومتری از بیت لحم، موآب در آن سوی دریای مُرده قرار داشت.

آیه‌های زیر در مورد سرزمین موآب و ساکنان آن است. هر آیه را با کشیدن یک خط به تعریفی که به آن آیه مربوط می‌شود وصل کنید.

| | |
|---|---|
| پیدایش ۱۹ : ۳۶-۳۷ | هنگامی که اسرائیلیان گناه ورزیدند، خدا اجازه داد که موآبیان آنها را شکست داده و بر آنها حکومت کنند. |
| اعداد ۲۵ : ۱-۴ | موآبیان خدائی دروغین به نام کموش را می پرستیدند. |
| داوران ۳ : ۱۲-۱۴ | این نسل حاصل رابطه جنسی لوط با یکی از دخترانش بود. |
| دوم پادشاهان ۲۳ : ۱۳ | خدا از قوم اسرائیل به خاطر پیروی از آداب و سنن موآبیان، از جمله قربانی گذرانیدن برای بُت‌ها، خشمگین بود. |

موآبیان دشمنان اسرائیلیان بودند. آنها خدایان دروغین و شریر را می‌پرستیدند (اعداد ۲۵ : ۲). اما علیرغم وجود تنش چندین و چند ساله بین اسراییل و موآب، الیملک تصمیم گرفت که زادگاه خود را ترک کرده و به موآب بگریزد.

روت ۱ : ۱ را مرور کنید. در این آیه از چه کلمه‌ای برای توصیف سفر آنان به موآب استفاده شده است؟

کاربرد این کلمه چه حقیقتی را دربارهٔ قصد اولیهٔ الیملک در ارتباط با طول مدت اقامت خانوادهٔ او در موآب آشکار می‌کند؟

آنها تقریباً چه مدت در آنجا ماندند؟ (آیه‌های ۲-۵)

مشخص نیست که قصد الیملک از رفتن به موآب فرار از داوری خدا بوده باشد. و این را نیز نمی‌دانیم که ماندن در بیت لحم به نفع او تمام می‌شد. اما در این بین یک چیز را قطعاً می‌دانیم و آن اینکه حتی در قلمرو دشمن و در وسط دوران قحطی، او نمی‌توانست از نقشه‌ای که خدا برای خانوادهٔ او داشت فرار کند.

## شما به کجا فرار می‌کنید؟

چه شرایط خاصی در زندگی شما وجود دارد که در همین لحظه آروز می‌کنید تا از آنها فرار کنید؟

در عمق دشواری‌های زندگی خود، هنگامی که در پی یافتن راه خلاص هستید، معمولاً به چه چیزی پناه می‌برید؟ خوراک، خرید، شبکه‌های اجتماعی، کار، دوستان، چیزهای دیگر؟

خدا در زندگی شما چطور شرایط دشوار را بکار گرفته تا شما را به سوی خود جذب کند؟

_____

_____

کلام خـدا از روزهایـی پرده‌بـرداری می‌کنـد کـه حتـی داوود پادشـاه، بـا اینکـه مـردی بـود موافـق دل خـدا (۱ سمویـیل ۱۳ : ۱۴)، می‌خواسـت فـرار کنـد.

مزمـور ۵۵ بـه دوره‌ای از زندگـی داوود اشـاره می‌کنـد کـه از یـک طـرف، او بـا دشـمنانش مواجـه اسـت و از طـرف دیگـر، شخصـی بـه او خیانـت کـرده کـه داوود وی را یـک دوسـت می‌پنداشـت. بـا کلمـات خـود وضعیتـی را کـه داوود در مزمـور ۵۵ : ۶-۸ شـرح می‌دهـد، توصیـف کنیـد.

_____

_____

_____

_____

ایـن مزمـور نشـان نمی‌دهـد کـه داوود توانسـته باشـد از مشـکلاتش فـرار کنـد. امـا، آیـۀ ۱۶ روشـنگر تغییـری چشـمگیر در لحـن داوود اسـت. آیه‌هـای ۱۶-۱۹ و ۲۲ را کـه در زیـر آمـده اسـت بخوانیـد. دور هـر کلمـه یـا عبارتـی کـه نشـان  می‌دهـد داوود در ایـن شـرایط دشـوار بـر آن تکیـه کـرده اسـت، دایـره بکشـید.

«امـا من خدا را می‌خوانـم، و خداوند

مرا نجات می‌دهد.

شبانگاه و بامداد و نیمروز شِکوه و ناله می‌کنم؛

و او صدایم را می‌شنود.

جانم را از جنگی که بر من بر پا شده است

به سلامتی فدیه می‌دهد؛

زیرا که بسیاری بر ضد منند.

> خدا، که از ازل جلوس فرموده است،
> خواهد شنید و خوارشان خواهد ساخت؛ سلاه.
> زیرا تغییر نمی‌کنند و ترسی از خدا ندارند ...
> نگرانیِ خود را به خداوند بسپار، که او تکیه‌گاه تو خواهد بود؛
> او هرگز نخواهد گذاشت پارسایان جنبش خورند.»
> (آیه‌های ۱۶- ۱۹ و ۲۲)

چرا داوود اطمینان خود را بر خدا گذاشت؟ مگر قرار بود خدا چه کاری انجام دهد؟

در انتهای مطالعهٔ امروز، مزمور ۱۳۹ : ۷-۱۲ را بخوانید و در آن تأمل کنید. این بخش از کلام خدا نشان می‌دهد که ما هرگز نمی‌توانیم از خدا پیشی بگیریم. حتی در قعر تاریکی روحانی موآب، الیملک هم قادر نبود نقشه‌ای را که خدا برای خانوادهٔ او داشت خنثی کرده و نقشهٔ خودش را به پیش ببرد. دانستن این واقعیت چگونه باعث تسلی شما می‌شود؟

## روز پنجم: تنها، امّا نه متروک!

روت ۱ : ۳-۵ را بخوانید.

متن امروز به شرح سادهٔ جریاناتی می‌پردازد که در زندگی نعومی رخ داده‌اند. البته، در لابلای این کلمات، می‌توان موجی از درد و رنج نعومی را احساس کرد. نعومی همهٔ خانواده خود را از دست داده بود. او حالا کاملاً تنها و درمانده بود. او در شرایطی فوق‌العاده دشوار و دردناک بسر می‌برد.

بـر اسـاس آنچـه کـه تـا بـه حـال دربـارهٔ زندگـی نعومـی آموختـه‌ایـد، بـه نظـر شـما نعومـی بـا چـه نـوع احساسـاتی دسـت بـه گریبـان بـود؟

•

•

•

•

آیـا در فهرسـت بـالا کلمـهٔ «متـروک» هـم بـه چشـم می‌خـورد؟ آیـا بـه نظـر شـما نعومـی فکـر می‌کـرد کـه خـدا نیـز او را تـرک کـرده اسـت؟ چـرا بلـه؟ چـرا خیـر؟

آیـا شـما در شـرایطی بوده‌ایـد کـه احسـاس کنیـد خـدا شـما را تـرک کـرده اسـت؟ صادقانـه، تجربـهٔ خـود در ایـن زمینـه را بنویسـید.

در طـول کلام خـدا، مـا بـا اشـخاصِ متعـددی روبـرو می‌شـویم کـه در شـرایط بسـیار دشـواری قـرار گرفتنـد. بعیـد نیسـت کـه اکثـر آنهـا احسـاس کـرده باشـند کـه خـدا آنهـا را وا گذاشـته و از آنـان خیلـی دور بـوده اسـت. در حالـی کـه واقعیـت ایـن اسـت کـه خـدا از طریـق دشـواری‌های آنـان نقشـه و قصـد خـاص خـود را بـه پیـش می‌بُـرد.

بـا کشـیدنِ یـک خـط، هـر یـک از شـخصیت‌های زیـر را بـه تجربـهٔ دشـواری کـه بـا آن روبـرو بـوده اسـت متصـل کنید.

| شخصیت کتاب‌مقدس | تجربهٔ دشوار |
| --- | --- |
| یوسف (پیدایش ۳۷ : ۱۲-۳۶ و ۳۹ : ۱۱-۲۰ و ۵۰ : ۱۵-۲۱) | مشکل نازایی داشت. |
| ایوب (ایوب ۱ : ۱۳-۱۹ و ۲ : ۷ و ۴۲ : ۱-۶) | به خاطر تعلیم دادن دربارهٔ مسیح، به زندان افکنده شد. |
| حنا (اول سموئیل ۱) | اموال، فرزندان، و سلامتی‌اش را از دست داد. |
| پولس (اعمال رسولان ۲۸ : ۱۷-۳۰ و فیلیپیان ۱ : ۱۳) | برادرانش به او خیانت کردند و ناعادلانه به زندان افکنده شد. |

از لیسـت بـالا یکـی از شـخصیت‌ها را انتخـاب و خـود را جـای او بگذاریـد. شـما در خـلال آن تجربـهٔ دشـوار، خـود را بـا چـه احساسـاتی مواجـه می‌دیدیـد؟

مزمـور ۲۲ یکـی دیگـر از مزامیـر داوود اسـت. آیه‌هـای ۱ و ۲ از ایـن مزمـور را بخوانیـد و بـا اسـتفاده از کلمـات شـخصی خـود آن را در زیـر بازنویسـی کنیـد.

بـر اسـاسِ آنچـه در ایـن مزمـور می‌خوانیـد، آیـا بـه نظـر شـما داوود احسـاس می‌کـرد کـه خـدا او را وا گذاشـته بـود؟ چـرا بلـه؟ چـرا خیـر؟

هنگامی که عیسی بر روی صلیب بود، قسمت‌هایی از این مزمور را به زبان آورد. متی ۲۷ :
۴۵-۵۰ را بخوانید. در کتاب‌مقدسِ خود زیر کلماتی که از مزمور ۲۲ نقل شده‌اند، خط بکشید
و سپس آنها را اینجا بنویسید.

_____

_____

عیسی بر روی صلیب، در شرایطی فوق العاده دردناک قرار داشت. او از لحاظ فیزیکی، عاطفی،
و روحانی به صورتی جانکاه تحت رنج و فشار بود. او به خاطر جُرمی که هرگز مرتکب
نشده بود، مصلوب شد. همهٔ دوستان و پیروانش او را ترک کرده بودند. آیا به نظر شما، او
احساس می‌کرد که خدایِ پدر او را ترک کرده بود؟ چرا بله؟ چرا خیر؟

_____

_____

_____

به آیه‌های زیر مراجعه کنید:

تثنیه ۳۱ : ۶ و ۸
عبرانیان ۱۳ : ۵-۶

این آیه‌ها چه وعده‌ای به فرزندان خدا می‌دهند؟

_____

_____

_____

_____

با استفاده از متنی که در رابطه با مزمور ۲۲ : ۱-۲ با کلمات خود نوشتید، احساس خود را زمانی که تصور کرده‌اید که خدا شما را ترک کرده است، مثل یک دعا به حضور خدا ابراز کنید. در مورد ابراز احساسات و ترس‌هایتان با خدا صادق و شفاف باشید. سپس با تمرکز بر شخصیت و صفات نیکوی او که وعده داده است که شما را هرگز ترک نخواهد کرد، از او بطلبید که شما را از حضور خود در زندگی‌تان مطمئن کند.

## آیهٔ حفظی

در طول این هفته بر این آیه تفکر کرده و آن را حفظ کنید.

# هرجا که بروی می‌آیم و هر جا که منزل کنی منزل می‌کنم. قوم تو قوم من و خدای تو خدای من خواهد بود. هرجا که بمیری می‌میرم و همان جا دفن می‌شوم. خداوند مرا سخت مجازات کند اگر حتی مرگ مرا از تو جدا سازد.

روت ۱: ۱۶- ۱۷

# هفتهٔ دوم

## بازگشت به خانه

**موضوع هفته : اگر امروز تصمیم بگیرید تا برای خدا زندگی کنید، بدانید که هرگز دیر نشده است!**

تصور کنید که شما در حال برگشتن به خانه از یک سفر طولانی، تصمیم می‌گیرید که مسیر خودتان را عوض کنید و از راه با صفاتری به خانه بازگردید. دستگاه مسیریاب به شما می‌گوید که اگر این مسیر را انتخاب کنید، شش ساعت طول خواهد کشید تا شما به مقصد برسید. اما پس از چهار ساعت و نیم رانندگی، شما ناگهان متوجه می‌شوید که اشتباه کرده‌اید و در مسیر مخالف رانندگی می‌کنید. آیا حالا با بی‌تفاوتی، در همان مسیر اشتباهی که بودید، به رانندگی ادامه خواهید داد؟ البته که نه! قطعاً شما دور خواهید زد و در مسیر درست رانندگی خواهید کرد. و در این بین دیگر مهم نیست که چند ساعت در مسیر اشتباه در حال رانندگی بوده‌اید. آنچه که اهمیت دارد این است که باید به خانه‌ای که به آن تعلق دارید بازگردید.

به همین ترتیب، هنگامی که ما هم از مسیر و نقشه‌ای که خدا برای ما دارد دور می‌افتیم، شاید فکر کنیم که به قدری از مسیر اصلی فاصله گرفته‌ایم که امکان دور زدن و برگشت وجود ندارد. اما موضوع اصلی این است که هر چقدر هم که ما در مسیر اشتباه زندگی خود مرتکب گناهان و خطایای بی شمار شده باشیم، اما خدا هنوز منتظر است که ما به خود آییم، از گناهانمان توبه کنیم، و به سوی مسیر درست، یعنی پیروی از او، بازگردیم. در طول این هفته خواهیم دید که نعومی نیز تصمیم گرفت که اولین قدم را در مسیر بازگشت برداشته و سفری طولانی و نامعلوم را آغاز نماید. او نمی‌دانست که در انتهای این مسیر چه چیزی در انتظار اوست. او تنها به این حقیقت واقف بود که موآب جایی نبود که قرار باشد او در آنجا بماند. اگر شخصی هستید که پس از سال‌ها دوری از خدا، حالا تصمیم به بازگشت گرفته ... و یا اینکه سال‌هاست که خدا را پیروی می‌کند، دعای من این است که مطالعهٔ این هفته شما را تشویق کند که در این مسیر بمانید و همچنان ادامه دهید. سرسپردگی نسبت به

مسیح و پیروی از او، همیشه کار آسانی نیست. اما شادی و آرامشی که در او تجربه می‌کنید، ارزش تحمل سختی راه را دارد.

## روز اول: بیش از حد دور شده‌اید؟

اول تیموتائوس ۱ : ۱۲-۱۷ را بخوانید.

هفتهٔ گذشته، ما آموختیم که خدا برای تنبیه اسرائیلیان، برخی اوقات سرزمین آنان را دچار قحطی می‌کرد (تثنیه ۲۸) تا به این وسیله قوم بیدار شده و به سوی او بازگردند (عاموس ۴ : ۶-۱۱). اما اگر قوم اسرائیل به این نتیجه می‌رسیدند که آنها بیش از اندازه از خدا دور افتاده‌اند، چه؟ اگر آنان احساس می‌کردند که «گناهانشان آنقدر بزرگند» که دیگر راه بازگشتی برای آنها وجود ندارد، چه؟

آیا شما تابحال خودتان را در این چنین شرایطی دیده‌اید؟ شرایطی که در آن احساس کنید گناه شما آنقدر بزرگ است که خدا آن را نخواهد بخشید؟ و یا اینکه شما به قدری از خدا و راه‌های او فاصله گرفته‌اید که دیگر راه بازگشتی جلوی روی خود نمی‌بینید؟ شرایط خود را در چند سطر زیر توضیح دهید.

---

---

کلام خدا مملو است از داستان افرادی که خود را خیلی دور از خدا دیده‌اند. اما خدا، به سببِ رحمت و فیض خود، آخر داستان آنها را به نتیجه‌ای متفاوت‌تر از آنچه من و شما ممکن بود پیش بینی کنیم رسانید. بیایید با هم به مطالعهٔ دو نمونه از افرادی بپردازیم که از پیروی کردن خدا بیش از حد فاصله گرفته بودند. این دو نمونه در اعمال رسولان ۷ : ۵۸ الی ۸ : ۳ و مرقس ۵ : ۱-۵ یافت می‌شوند. در حین خواندن این دو واقعه، حتی اگر آن را بارها خوانده و یا شنیده باشید، فرض کنید که این دفعهٔ اول است که این قسمت را مطالعه می‌کنید. بر اساس اطلاعاتی که این آیه‌ها در اختیار شما قرار می‌دهند، به نظر شما احتمال اینکه این افراد به سوی مسیح بازگشته و او را پیروی نمایند، تا چه حد است. نظر خود را در نمودار صفحهٔ بعد با مشخص کردن یک شماره نشان دهید.

| احتمال بسیار کم | | | | احتمال متوسط | | | | احتمال بسیار زیاد | |
|---|---|---|---|---|---|---|---|---|---|
| ۱ | ۲ | ۳ | ۴ | ۵ | ۶ | ۷ | ۸ | ۹ | ۱۰ |

حالا، با مطالعهٔ اعمال رسولان ۹ : ۱-۲۲ و مرقس ۵ : ۶-۲۰، بیایید ببینیم مابقی داستان این دو شخص به کجا رسید. در هر کدام از این دو متن، چه عاملی به عنوان دلیل اصلی تغییر در زندگی این افراد معرفی می‌شود؟

در هر یک از این دو واقعه، چه چیزی بیش از هر چیز دیگر، شما را حیرت‌زده کرد؟

منطق انسانی ما شائول و مرد دیو زده را آنقدر از خدا دور می‌بینند که تغییر زندگی آنان غیر ممکن بود. اما خدا بهتر از هر کس و هر چیزی، بر همه چیز اشراف کامل داشته و دارد. بله! هیچ‌یک از این دو نفر (درست به مثال همهٔ ما) هیچ جرقهٔ امیدی در خود نمی‌دیدند. در رومیان ۳ : ۲۳ می‌خوانیم: «زیرا همه گناه کرده‌اند و از جلال خدا کوتاه می‌آیند.» اما همان‌طور که آیهٔ بعد می‌گوید: «اما به فیض او و به واسطهٔ آن بهای رهایی [فدیه] که در مسیح عیسی است، به رایگان پارسا [شخص مُبرّا شده‌ای که در رابطه‌ای درست با خداست] شمرده می‌شوند.» (آیهٔ ۲۴)

آیه‌های زیر به ما نشان می‌دهند که هنگامی که ما از خدا بسیار دور بودیم، مسیح برای ما چه کرد. با کشیدن یک خط، هر عبارت را با آیه‌ای که به آن مربوط می‌شود وصل کنید.

| | |
|---|---|
| اشعیا ۵۳ : ۶ | اگرچه او مرتکب هیچ گناهی نشد، اما به خاطر ما گناه شد. |
| یوحنا ۳: ۱۶- ۱۸ | او جریمهٔ گناه و تقصیر ما را پرداخت کرد. |
| دوم قرنتیان ۵ : ۲۱ | بار سنگین گناه ما را بر خود حمل کرد تا ما آزاد شویم. |
| اول پطرس ۲: ۲۴ | او به ما حیات جاودانی بخشید و ما را از محکومیت آزاد کرد. |

از آنجایی کـه خـدا قدوس اسـت، عدالـت او ایجـاب مـی کنـد کـه هـر گناهـی را مجـازات کنـد. مـن و شـما بـه هیـچ وجـه قـادر نیسـتیم ایـن دِیـن را بپـردازیم. بـرای پرداخـت جریمـهٔ گنـاه، تنهـا یـک راه وجـود دارد و آن یگانـه طریـق، خـون عیسـای مسـیح اسـت. هنگامـی کـه عیسـی بـر زمیـن آمـد و جـان خـود را همچـون قربانـیِ گنـاه فـدا کـرد، او بـا خـون خـود جریمـهٔ گنـاه مـا را یـک بـار و بـرای همیشـه پرداخـت نمـود.

شـاید شـما هـم جـزو افـرادی باشـید کـه هـر چنـد از نقطـه نظـر عقلانـی ایـن حقیقـت را بـاور کرده‌انـد کـه علیرغـم آنچـه کـه در زندگـی خـود انجـام داده‌انـد، خـدا حقیقتـاً محبـت و بخشـش خـود را بـه طـور رایـگان بـه آنهـا عطـا می‌کنـد، امـا بـه آسـانی نمی‌تواننـد آن را در قلـب خـود بپذیرنـد. کلام خـدا می‌گویـد: « اگـر بـه زبـان خـود اعتـراف کنـی عیسـیٔ خداونـد اسـت و در دل خـود ایمـان داشـته باشـی کـه خـدا او را از مـردگان برخیزانیـد، نجـات خواهـی یافـت.» (رومیـان ۱۰ : ۹) در دوم قرنتیـان ۵ : ۱۷ نیـز می‌خوانیـم: «کسـی کـه بـا مسـیح متّحـد اسـت، حیاتـی تـازه دارد. هـر آنچـه کهنـه بـود درگذشـت و اینـک زندگـی نـو شـروع شـده اسـت.» اسـاس نجـات یافتـن مـا نـه بـر چیزهایـی اسـت کـه انجـام داده باشـیم و نـه بـر چیزهایـی کـه انجـام نـداده باشـیم. نجـات هدیـه‌ای اسـت از جانـب خـدا (افسسـیان ۲ : ۸-۹).

بـرای درک بیشـتر ایـن موضـوع بیاییـد بـه یکـی از دو نمونـه‌ای کـه قبلاً بـه آن اشـاره کرده‌ایـم، مراجعـه کنیـم. (یعنـی بـه پولـس رسـول کـه سـابقاً شـائول خوانـده می‌شـد و جریانـات زندگـی او در کتـاب اعمـال رسـولان آمـده اسـت.)
شـما شخصیت پولـس را پیـش از ملاقـات او بـا مسـیح، چگونـه توصیـف می‌کنیـد؟

_____

_____

_____

اول تیموتاوس ۱: ۱۲- ۱۷ را مجدداً بخوانید.
پولس خود را چگونه شخصی توصیف می‌کند؟

_____

_____

_____

بر اساس اقرار پولس در آیهٔ ۱۶، چرا خدا برگزید تا بر او رحم کند؟

_____

_____

پولس به هنگام صحبت دربارهٔ گذشتهٔ خود شفاف و صادق بود. او به جای فخرفروشی به گذشتهٔ خود، معتقد بود که زندگی‌اش فیض خدا را به نمایش گذاشته است ... تا دیگران با مشاهدهٔ زندگی متحوّل شدهٔ او امید پیدا کنند که علیرغم گناهان بزرگ و گذشتهٔ تاریک‌شان، آنان نیز می‌توانند بخشیده شوند.

زمانی که به داستان زندگی خود می‌اندیشید، چگونه داستان زندگی شما نیز می‌تواند دیگران را به سوی رحمت و آمرزش رایگان خدا رهنمون سازد؟

_____

_____

در آیهٔ ۱۷ پولس داستان نجات یافتن خود را با این عبارت به پایان می‌رساند: «به پادشاه جاودانی و فنا ناپذیر و نادیدنی، خدای یکتا، تا به ابد عزت و جلال باد، آمین!»

آیا ممکن است شخصی آیهٔ ۱۷ را اقرار کند اما هنوز تحت تسلط شرم و تقصیر گذشتهٔ خود زندگی کند؟ چرا بله؟ چرا خیر؟

_____

_____

حالا دیگر پولس از مجازات گناهانش آزاد شده بود زیرا جریمهٔ گناهش پرداخت شده بود. خون مسیح پولس را پوشانده بود ـ همان خونی که شما را نیز می‌پوشاند. زمانی که خدا شما را بخشیده باشد، زمانی که شما نیز توسط خون مسیح شسته شده باشید، شما نیز بطور کامل آزاد هستید. هیچ گناهی آنقدر بزرگ نیست که خدا قادر به بخشیدن آن نباشد.

در کولسیان ۲ : ۱۳-۱۴ پولس می‌نویسد:

> «خدا شما را که به علت خطاهای خود مُرده و در جسمِ خود نامختون بودید، با مسیح زنده کرد و همهٔ گناهان ما را بخشیده است. او سندِ محکومیتِ ما را همراه با تمام مقرراتی که علیه ما بود، لغو کرد و آن را به صلیب خود میخکوب نموده، از بین بُرد.» (ترجمهٔ مژده)

در تصویر پایین کاغذهای سفیدی بر روی صلیب میخکوب شده‌اند. بر روی این صفحات گناهانی را بنویسید که فکر می‌کنید آنقدر بزرگ‌اند که ممکن نیست خدا آنها را ببخشد. مطمئن باشید که به همان گونه که این یادداشت‌ها بر صلیب میخکوب شده‌اند، اگر شما فرزند خدا شده‌اید، خدا همهٔ گناهان شما را بر صلیب مسیح میخکوب کرده و شما را کاملاً بخشیده است.

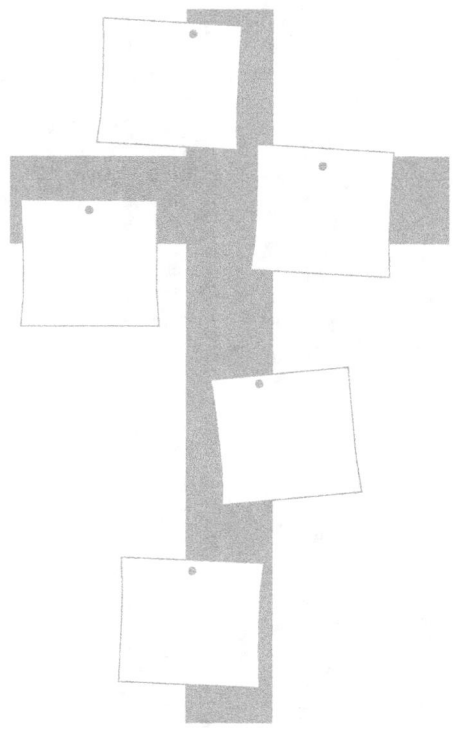

**روز دوم:** جادّهٔ توبه

روت ۱ : ۶-۷ را بخوانید.

در ابتدای متن امروز، ما می‌بینیم که نعومی بالاخره تصمیم می‌گیرد تا موآب را ترک و به بیت لحم (خانه‌اش) بازگردد.

چه حقیقتی نعومی را مُجاب کرده بود تا به بیت لحم بازگردد؟

_____

_____


نعومی برای مدتی طولانی در سرزمینی سکنی گزیده بود که ساکنین آن سابقه‌ای طولانی در پرستش خدایی دروغین داشتند. تصمیم نعومی به بازگشت به بیت لحم، تصویری از توبه ترسیم می‌کند ... تصویری که نشان می‌دهد که او تصمیم گرفت از گناهان و گزینش‌های اشتباه گذشته خود بازگشته و برای خدا زیست کند.

آیه‌های زیر چه پیامی در ارتباط با توبه می‌دهند؟
دوم تواریخ ۷ : ۱۴

_____

_____


اعمال رسولان ۳ : ۱۹

_____

_____


اول یوحنا ۱ : ۹

_____

_____

_____

واژۀ یونانی برای کلمۀ «توبه» در اعمال رسولان ۳ : ۱۹ «متانویا» (*metanoia*) است. «متا» (*Meta*) به معنی «تغییر دادن و عوض کردن» و «نویا» (*noia*) به معنی «ذهن» است. در واقع توبه یعنی تغییر طرز فکر نسبت به خودمان، نسبت به گناهانمان، و نسبت به خدا ... تبدیلی که در نهایت به تغییر قلب و تبدیل زندگی منتهی می‌شود.

توبه تبدیلی است درونی که تغییرات بیرونی را به بار می‌آورد. توبه هم درونی است و هم بیرونی. توبه تبدیلی است که بر همۀ جنبه‌های زندگی اثر می‌گذارد. هنگامی که ما توبه می‌کنیم، در واقع در حال تغییر مسیر خود هستیم. یعنی به نقطه نظرات و ارزش‌های سابق خود پشت کرده و به سوی خدا بازگشته‌ایم. با توجه به این تعریف، در اینجا تصویری بکشید که توبۀ حقیقی را به نمایش بگذارد.

توبه، در حالی که تغییر فکر و ذهن است، حقیقی بودن آن باید در رفتار ما دیده شود. اگر واقعاً توبه کرده باشیم، شواهد آن (یعنی تغییر) در زندگیمان آشکار خواهد شد. (متی ۳ : ۸)

چه نشانه‌هایی توبۀ حقیقی در زندگی یک فرد را ثابت می‌کنند؟ با کشیدن یک خط، هر یک آیه را به تعریف مربوط به آن وصل کنید.

| | |
|---|---|
| یوئیل ۲ : ۱۲-۱۳ | پذیرش عواقب و پیامدهای کارهایمان |
| لوقا ۱۹ : ۱-۱۰ | احساس اندوه و پشیمانی به خاطر گناهمان |
| لوقا ۲۳ : ۴۰-۴۱ | تغییر رفتار |
| اعمال رسولان ۹ | تمایل به جبران |

پولس رسول، در رسالهٔ دوم خود به کلیسای قرنتس، با ارایهٔ نشانه‌های بیشتر، ما را کمک می‌کند تا ببینیم که آیا توبهٔ ما حقیقی بوده است یا نه. در حین خواندن متن زیر، دور کلماتی از قبیل «اندوهگین» و «اندوه» دایره بکشید.

> «زیرا هرچند با نامهٔ خود اندوهگینتان ساختم، از کردهٔ خود پشیمان نیستم. زیرا با آنکه تا حدی پشیمان بودم ـ چون می‌بینم نامه‌ام هرچند کوتاه زمانی، شما را اندوهگین ساخت ـ اما اکنون شادمانم، نه از آن رو که اندوهگین شدید، بلکه چون اندوهتان به توبه انجامید. زیرا اندوه شما برای خدا بود، تا هیچ زیانی از ما به شما نرسد. چون اندوهی که برای خدا باشد موجب توبه می‌شود، که به نجات می‌انجامد و پشیمانی ندارد. اما اندوهی که برای دنیاست، مرگ به بار می‌آورد. ببینید اندوهی که برای خدا بود چه ثمراتی در شما پدید آورده است: چه شور و شوقی، چه اشتیاقی به اثبات بی‌گناهی‌تان، چه نارضایی و احساس خطری، چه دلتنگی، غیرت و مجازاتی. شما از هر حیث ثابت کردید که در آن قضیه بی تقصیر بوده‌اید. »
>
> (دوم قرنتیان ۷ : ۸-۱۱)

چه ارتباطی بین «توبه» و «اندوهگین بودن» وجود دارد؟

آیا شما این نوع اندوه را در زندگی خود تجربه کرده‌اید؟ چگونه؟

توبه،در واقع، فقط آغاز فرآیند بازیافت است. نعومی، در مسیر بازگشت به خانه، راهی

طولانـی در پیـش داشـت. بـرای رسـیدن بـه سـرزمین یهودیـه هیـچ میانبـری وجـود نداشـت. و ایـن موضـوع در مـورد مـا نیـز مصـداق دارد. هنگامـی کـه مـا نیـز بـا رفتـن خـود بـه موآب‌هـای زندگیمـان از ارادهٔ خـدا فاصلـه گرفتـه باشـیم، بازگشـتِ مـا نیـز بـه آسـانیِ یـک چشـم بـه هـم زدن نخواهـد بـود. حـد فاصـل سرکشـی و بازیافـت جـاده‌ای اسـت کـه بـه خانـه برمی‌گـردد. و توبهٔ حقیقـی یعنـی تمایـل بـه قـدم گذاشـتن در ایـن جـاده!

آیـا شـما نیـز موآبـی در زندگـی خـود داشـته‌اید؟ گناهـی کـه حـالا پشـت خـود را بـه آن کـرده و از آن برگشـــته‌اید؟

---

---

---

چـه نشـانه‌هایی در زندگـی شـما ثابـت می‌کننـد کـه شـما حقیقتـاً توبـه کـرده و بـه سـوی خـدا بازگشـــته‌اید؟

---

---

---

در مطالعـهٔ فـردا معنـای «توبـه» و «بازگشـتِ بـه پیـروی از خـدا» را عمیق‌تـر بررسـی خواهیـم کـرد. از خداونـد بطلبیـد کـه قلـب شـما را بـرای دریافـت پیغـام او در ایـن زمینـه آمـاده کنـد.

## روز سوم: به سوی من بازگشت نما

یوئیل ۲ : ۱۲-۱۳ را بخوانید.

در مطالعـهٔ پیشـین دیدیـم کـه تصمیـم نعومـی بـه بازگشـت بـه بیـت لحـم را می‌تـوان بـه ماننـد قـدم گذاشـتن در جـادهٔ توبـه دانسـت. حـال، تصـور کنیـد در حالـی کـه او نصـف راه را طـی کـرده بـود، ناگهـان بـا ناامیـدی و پشـیمانی بـه خـود می‌گفـت: «ایـن مسـیر خیلـی طولانـی اسـت ... مـن خیلـی پیـر شـده‌ام ... فکـر نمی‌کنـم بخواهـم ایـن سـفر پـر زحمـت را ادامـه دهـم.» شـاید هـم وابسـتگی او بـه سـاکنان مـوآب قـادر بـود او را وسوسـه کنـد کـه بـا وجـودِ طـی نصـف راه، منصـرف شـده و دوبـاره بـه مـوآب برگـردد.

در زندگی ما، موآب‌ها می‌توانند افراد، مکان‌ها، و یا چیزهایی باشند که در تلاش برای رفع نیازهای خود به آنها پناه برده باشیم ... همهٔ اینها آن چیزهایی هستند که سعی می‌کنیم جانشین خدا سازیم. با مروری بر گذشتهٔ خود، شاید روزهایی را بخاطر آورید که در مقابله با قحطی‌های روحانی و دشواری‌های زندگی خود، به جای توکل بر خدا، به منابع انسانی رجوع کردید. و در واقع، به یک جانشین رضایت دادید.

ما غالباً از جادهٔ توبه دوری می‌کنیم زیرا بر این باور هستیم که این جاده مسیر دشوار و ناراحت کننده‌ای است. در عوض، به دنبال جاده‌های مشابه می‌گردیم. در سختی‌های زندگی خود، بجای آنکه به خدا روی آورید، در جستجوی چه راه‌های دیگری هستید؟ فهرستی از این راه‌ها تهیه کنید.

_____

_____

در لیستی که در بالا تهیه کردید، هر یک از آن راه‌ها چه جذابیتی داشت که باعث شد شما به آن پناه ببرید؟

_____

_____

_____

بنابراین، زمانی که به چیزی غیر از خداوند پناه بُرده باشید، چه باید کرد؟ چگونه می‌توانید به خانه بازگردید؟ آیه‌های زیر را بخوانید و در زیر کلمات یا عباراتی که مشابه هستند، خط بکشید .

«سموئیل به همهٔ خاندان اسرائیل گفت: " اگر به تمامی دل خویش به سوی خداوند بازمی‌گردید، پس خدایان بیگانه و عشتاروت را از میان خود دور کرده، دل‌های خود را به خداوند معطوف کنید و تنها او را عبادت نمایید. آنگاه او شما را از دست فلسطینیان خواهد رهانید".» (اول سموئیل ۷ : ۳)

«دلی به ایشان خواهم بخشید که بدانند من یهوه هستم. ایشان قوم من خواهند بود و من خدای ایشان خواهم بود، زیرا به تمامی دل نزد من بازگشت خواهند کرد.» (ارمیا ۲۴ : ۷)

«ای اسرائیل، به سوی یهوه خدایت بازگشت نما، زیرا به سبب شرارت خود افتاده‌ای.» (هوشع ۱۴ : ۱)

«به سوی یهوه خدای خود بازگشت کنید زیرا او فیاض و رحیم است، دیر خشم و آکنده از محبت، و از بلا منصرف می‌شود.» (یوئیل ۲ : ۱۳)

«پس بدین قوم بگو، خداوند لشکرها چنین می‌فرماید: به سوی من بازگشت کنید؛ این است فرمودهٔ خداوند لشکرها. و خداوند لشکرها می‌گوید: من نیز به سوی شما باز خواهم گشت.» (زکریا ۱ : ۳)

خدا از قوم خود چه می‌خواهد؟

در طول عهد عتیق، بارها و بارها، با پیغام «بازگشت کنید» روبرو می‌شویم. خدا به قومش می‌گوید: شما سرگردان و گمشده هستید، اما من می‌خواهم شما به سوی من بازگردید. زمانی که شما توبه می‌کنید، در واقع می‌گوئید: «ای عیسی، من به خانه برمی‌گردم ... من به سوی تو بازمی‌گردم ... و با اعتراف به اینکه تنها تو منشاء رضامندی درونی و رفع نیازهای من هستی، به سوی تو می‌آیم ... به آنجایی که خود را به سرسپردگی و اطاعت تو می‌سپارم.»

گاهی اوقات، ما به قدری در گناه خود احساس راحتی می‌کنیم که تمایل به ترک آن را از دست می‌دهیم. شاید موآب‌های ما چیزی بیش از یک گناه پیش پا افتاده مثل تلخی به دل گرفتن و یا یک ذره غیبت نباشد. اما به خاطر داشته باشید که هدف رفتن به موآب سکونتی کوتاه مدت بود، اما در نهایت تبدیل به اقامتی دراز مدت شد. آیا این مورد، وضعیت کنونی زندگی شما را تشریح می‌کند؟ اگر بله، آیا حاضرید مسیری را که در آن احساس راحتی می‌کنید ترک نمایید و مسیر متفاوتی برای خود انتخاب کنید؟

برای شروع، به شما پیشنهاد می‌کنیم که در دعا به قدم‌های زیر بیندیشید:

۱. پاسخ دهید. تمایل شما به بازگشت به سوی خدا نشانگر آن است که خدا در قلب شما کار می‌کند. خدا را به خاطر این دعوت محبتانه‌اش برای بازگشت شما به ارتباطی صمیمی و نزدیک با خود سپاس گوئید.

۲. اعتراف کنید. گناه خود را به اسم مشخص کنید و برای انتخابات اشتباه خود مسئولیت‌پذیر باشید.

۳. بطلبید. از خداوند بخواهید که اندوهی در دل شما بیافرینند که منجر به توبه شود (دوم قرنتیان ۷ : ۱۰). این قدم، قدمی است بسیار ناخوشایند، اما در آخر به پیروزی منتهی می‌شود.

۴. اصلاح کنید. برای غلبه بر این گناه و بیرون کردن آن از زندگیتان انجام چه اصلاحاتی، چه تغییراتی، چه تنظیماتی ... ضروری است؟

هر گاه خدا صحبت کند، زمان آن رسیده که باید پاسخ داد. همین امروز موآب خود را ترک کنید. تأخیر انداختن کار به فردا، کار را آسانتر نمی‌کند. در چند سطر زیر دعای شخصی خود را بنویسید. دعای شما باید دربرگیرندهٔ قدم‌هایی باشد که خدا از طریق آنها شما را به توبه سوق داده باشد.

خداوندا، پاسخ من به تو این است که . . .

خداوندا، اعتراف می‌کنم که . . .

خداوندا، می‌طلبم که . . .

خداوندا، کمکم کن تا این اصلاحات را انجام دهم. . .

## روز چهارم: در جستجوی آرامش

روت ۱ : ۸-۹ را بخوانید.

هنگامی که نعومی تصمیم گرفت به اسرائیل بازگردد، دو عروسش نیز او را در این سفر همراهی می‌کردند. اما در وسط راه او سعی می‌کند تا آنها را به بازگشتن به سرزمینشان متقاعد کند.

در آیهٔ ۹ نعومی چه چیزی از خدا برای عُرپَه و روت می‌طلبد؟

در کتاب روت واژهٔ «راحت» یا «آسایش» چندین بار بکار رفته است. نعومی، نه تنها برای جان خود، بلکه برای دو عروسش نیز به دنبال راحتی و آسایش بود. به احتمال قوی او گُمان می‌کرد که تنها امید عروسانش برای دست‌یابی به راحتی و آسایش، زندگی در سایهٔ یک شوهر بود.

واژۀ عبری که نعومی در این بخش برای راحتی و آسایش استفاده می‌کند، «مِنوخاح» (*mĕnuwchah*) است که در اصل می‌تواند به معنی یافتن تسلی و راحتی در خانه و یا در ازدواج باشد. در تصویر زیر، به دور کلماتی که با این تعریف همخوانی دارند، دایره بکشید.

هیچ چیز و هیچکس نمی‌تواند قلب شما را با آرامش حقیقی پر سازد؛ نه در شوهر شما یافت می‌شود و نه در مایملک شما! اما اگر به زیر بال‌های خدای حقیقی پناه ببرید، آرامش واقعی را خواهید چشید.

آیه های زیر را بخوانید و دور کلمات و یا عباراتی که به راحتی و آسایش مربوط می شوند دایره بکشید.

> «زیرا هنوز به آسایش و میراثی که یهوه خدایتان به شما می‌دهد، داخل نشده‌اید.» (تثنیه ۱۲ : ۹)
>
> «متبارک باد خداوند که قوم خود اسرائیل را بر طبق هر آنچه وعده داده بود، آسودگی بخشیده است. حتی یک کلمه از تمامی وعده‌های نیکو که او به واسطۀ خدمتگزار خود موسی داده بود، بر زمین نیفتاده است.» (اول پادشاهان ۸ : ۵۶)
>
> «در چراگاه‌های سرسبز مرا می‌خواباند؛ نزد آبهای آرام‌بخش رهبری‌ام می‌کند.» (مزمور ۲۳ : ۲)
>
> «قوم من در منزلگاه‌های مملو از آرامش، و مسکن‌های ایمن، و استراحتگاه‌های پر از آسایش ساکن خواهند شد.» (اشعیا ۳۲ : ۱۸)

شما در زندگی روزمرۀ خود، آرامش روح خود را معمولاً در چه چیزهایی می‌جویید؟

_____

_____

_____

_____

در انجیل متـی ۱۱ : ۲۸-۲۹ عیسـای خداونـد مـا را بـه آرامـش دعـوت می‌کنـد. ایـن آیه‌هـا را در زیـر بنویسـید.

_____

_____

_____

_____

_____

مشـکلاتی کـه در زندگـی تجربـه می‌کنیـد می‌تواننـد بـر دوش شـما سـنگینی کننـد. بـر دوش کشـیدن ایـن بارهـای سـنگین بـرای سـاعت‌ها، روزهـا، و هفته‌هـا، بـدون دیـدن هیـچ تغییـری، می‌توانـد بـه ماننـد حمـل وزنه‌هـای ۲۵ کیلوگرمـی بـر روی شـانه‌های شـما، طاقت فرسـا باشـد. حتـی مسئولیت‌هـای عـادی زندگـی می‌تواننـد مـا را از پـا درآورنـد. و امـا، عیسـای مسـیح جسـم خسـته و روح پژمـردۀ شـما را دیـده اسـت. او وعـده می‌دهـد تـا بـه شـما آرامـش عطـا کنـد.

بـر اسـاس ایـن آیه‌هـا در انجیـل متـی، بـرای دریافـت آسـایش و آرامشـی کـه عیسـی وعـدۀ آن را می‌دهـد، شـما چـه بایـد بکنیـد؟

_____

_____

_____

_____

در زیر کلمه و یا عبارتی که در آیه‌های زیر نشانگرِ انجام دادن عملی خاص است خط بکشید.

> «با تمامِ دلِ خود بر خداوند توکل کن، و بر عقل خویش تکیه منما.» (امثال سلیمان ۳ : ۵)
>
> «برای هیچ چیز نگران نباشید، بلکه در هر چیز با دعا و استغاثه، همراه با شکرگزاری، درخواست‌های خود را به خدا ابراز کنید. بدین گونه، آرامش خدا که فراتر از تمامی عقل است، دل‌ها و ذهن‌هایتان را در مسیحِ عیسی محفوظ نگاه خواهد داشت.» (فیلیپیان ۴ : ۶-۷)
>
> «همهٔ نگرانی‌های خود را به او بسپارید زیرا او به فکر شما هست.» (اول پطرس ۵ : ۷)

ما اغلب اوقات، برای یافتن آرامش به چیزهای دیگر رجوع می‌کنیم: تماشای برنامه‌های تلویزیون، خواندن کتاب، و یا مسافرت رفتن به منظور فرار از زندگی یکنواخت. البته هیچ‌کدام از اینها، به خودی خود بد نیست. اما واقعیت این است که هیچیک هرگز نمی‌تواند آرامشی را به ما بدهد که فقط مسیح قادر است بدهد.

## مسیح به ما وعدهٔ آرامش می‌دهد

- در ..............................(متی ۱۱: ۲۹)
- از ..............................(رومیان ۶: ۲۲)
- از ..............................(فیلیپیان ۴: ۶- ۷)
- از ..............................(یوحنا ۱۶: ۳۳)

جی. سی. رایل (*J.C Ryle*) نویسنده و واعظ انجیلی قرن نوزدهم، آرامشی را که ما از مسیح دریافت می‌کنیم اینگونه توصیف می‌کند:

- از حس تقصیر گناه ... او شما را آرامش خواهد بخشید.
- از ترس از قانون الاهی ... او به شما آرامش خواهد بخشید.
- از ترس از جهنم ... او به شما آرامش خواهد بخشید.
- از ترس از شیطان ... او به شما آرامش خواهد بخشید.
- از ترس از مرگ ... او به شما آرامش خواهد بخشید.
- در دلِ دشواری‌ها و طوفان‌های زندگی ... او به شما آرامش خواهد بخشید.

بله، عیسای مسیح از شما دعوت می‌کند تا به نزد او آیید و در سختی‌های زندگی آرامش او را بیابید. او می‌خواهد جانِ خسته و درماندهٔ شمارا بازیافت کند. او از هر نوع باری که امروز بر دوش شما سنگینی می‌کند، آگاهی کامل دارد. از آنجا که او می‌داند چه درد جانکاهی دل و ذهن شما را آزار می‌دهد، او دست‌های خود را به سوی شما گشوده و شما را به آرامشی دعوت می‌کند که ماورای هر نوع آرامشی است که این دنیا ارایه می‌دهد؛ آرامشی برتر از آنچه نعومی برای عروس‌هایش آرزو می‌کرد.

مسیح شما را دعوت می‌کند تا بارهای سنگین خود را به پای او نهید و آرامش او را دریافت کنید. شما چگونه می‌توانید این دعوت مسیح را بپذیرید؟

---

---

---

مطالعهٔ امروز خود را با تفکر و تعمق بر مزمور ۶۲ : ۵-۷ به پایان برسانید. از خداوند بطلبید که شما را در یافتن آن آرامش حقیقی که تنها در او یافت می‌شود، یاری دهد.

> تنها برای خدا، ای جان من، در سکوت انتظار بکش!
> زیرا امید من از جانب اوست!
> او یگانه صخره و نجات من است؛
> و دژِ بلند من، پس جنبش نخواهم خورد.
> بر خداست نجات و عزت من؛
> صخرهٔ نیرومند و پناه من در خداست.

## روز پنجم: دو نوع جاده

روت ۱ : ۹-۱۸ را بخوانید.

هنگامی که نعومی سفر بازگشت خود به بیت لحم را آغاز کرد، هر دو عروسش، عُرپه و روت، همراه وی بودند. اما در مرحله‌ای از راه نعومی تغییر عقیده داد و تصمیم گرفت که به هر دو، بین ماندن در موآب و رفتن به بیت لحم، آزادی انتخاب بدهد. او در عمل آنها را به بازگشت به موآب تشویق می‌کرد.

# گرفتاری بیوه زنان در ایام عهد عتیق

بیوه زنان در اسرائیل باستان، یکی از اقشار آسیب پذیر اجتماع بشمار می‌رفتند. یک بیوه زن، با از دست دادن شوهر خود، منبع اصلی تأمین مالی خود را نیز از دست می‌داد. معمولاً بیوه زنان از فقیرترینِ فقرا محسوب می‌شدند. (خروج ۲۲ : ۲۱-۲۲ و تثنیه ۲۴ : ۱۷) آنان غالباً از حقوق ارث و میراث محروم بوده و به آسانی هدف ظلم و استثمار دیگران قرار می‌گرفتند.

اما علیرغم این شرایط دشوار، خدا بطرزی بسیار خاص به بیوه زنان اهمیت می‌دهد. عهد عتیق شامل قوانین حقوقی بی‌شماری است که به منظور حفظ حقوق بیوه زنان وضع شده‌اند (خروج ۲۲ : ۲۲ و تثنیه ۲۴ : ۱۷-۲۲). انبیا بارها بی‌انصافی و بی‌عدالتی بر علیه بیوه زنان را تقبیح کردند (اشعیا ۱ : ۱۷ و ملاکی ۳ : ۵) و خداوند وعده داد که عدالت و انصاف را برای بیوه زنان برقرار نماید (تثنیه ۱۰ : ۱۸ و مزمور ۶۸ : ۵). در عهد جدید، یعقوب می‌گوید که میزان سنجش دینداریِ پاک در آن است که یتیمان و بیوه زنان را به وقت مُصیبت دستگیری کنیم. (یعقوب ۱ : ۲۷)

روت ۱ : ۱۱-۱۳ را یک بار دیگر بخوانید. چرا نعومی روت و عُرپه را تشویق می‌کند تا به موآب برگردند؟

شاید دلیلی که نعومی مطرح می‌کند برای شما عجیب بنظر آید. اما او در واقع، به قانونی در عهد عتیق اشاره می‌کرد که در کتاب تثنیه یافت می‌شود. این قانون، قانون ازدواج با بیوهٔ برادر نام داشت و بیانگر تدارک خدا برای خانوادهٔ مرد متأهلی بود که بدون داشتن هیچ فرزندی فوت می‌شد (تثنیه ۲۵ : ۵-۱۰). زمانی که چنین اتفاقی می‌افتاد، بر حسبِ این قانون، برادرِ متوفی موظف بود که با زن برادر خود (که حالا بیوه شده است) ازدواج کند. اولین پسر حاصل از این ازدواج به اسم مَردِ وفات یافته نام گذاری می‌شد تا رّد خانوادگی متوفی در نسلِ آینده همچنان ادامه یابد. مطابق با این قانون، پسر متولد شده، هر چند که فرزند برادر زنده است، اما نام و تملکات برادر متوفی را به ارث می‌برد.

قسمت دوم روت ۱ : ۱۳ را بخوانید. نعومی چه دلایل دیگری می‌آورد تا دو عروس خود را متقاعد به ماندن در موآب کند ؟

ابتـدا روت و عُرپَـه هـر دو تصمیـم گرفتنـد تـا بـا نعومـی همـراه شـده و بـه بیـت لحـم برونـد. امـا عُرپَـه بـه زودی تغییـر عقیـده داد و مسـیر خـود را ۱۸۰ درجـه تغییـر داد. ولـی روت منصـرف نشـد. روت خـود را شـریک آینـدۀ نعومـی دانسـت و بـه او قـول وفـاداری داد.

چـرا روت و عُرپَـه اینچنیـن تصمیمـات متفاوتـی گرفتنـد؟ بـا پـر کـردن جاهـای خالـی در نمـودار زیـر تصمیـم ایـن دو بیـوه زن را بـه مقایسـه بکشـید و عوامـل احتمالـی در تصمیـم گیـری آنـان را مشـخص کنیـد.

| | عُرپَه | روت |
|---|---|---|
| **احساسات** | | |
| **عواملِ در نظر گرفته شده** | | |
| **تصمیم نهایی** | | |

انتخـاب ایـن دو زن می‌توانـد تصویـری از واکنـش شـما نسـبت بـه دعـوت خداونـد باشـد. واکنـش اول ایـن اسـت کـه مـا تصمیـم بگیریـم کـه همچنـان در گناهـان خـود بمانیـم. واکنـش دوم ایـن اسـت کـه همـۀ آینـده و ابدیـت خـود را در او سـرمایه‌گذاری کنیـم.

در دوم قرنتیان ۵ : ۱۷ پولس رسول شخصی را که اعترافی راستین به مسیح می‌کند اینچنین توصیف می‌کند: «پس اگر کسی در مسیح باشد، خلقتی تازه است. چیزهای کهنه در گذشت. هان، همه چیز تازه شده است.» این آیه چگونه تصمیم روت را در همراهی با نعومی به تصویر می‌کشد؟

انتخابی که روت و عُرپه با آن روبرو شدند، نه تنها موضوع نجاتِ در مسیح را به نمایش می‌گذارد، بلکه تصویری از تسلیم و سرسپردگی نیز می‌باشد. تصمیمات روزانهٔ ما نیز بیانگر یکی از این دو انتخاب است: یا خود را تسلیم ارادهٔ خدا کرده‌ایم و یا بر آسایش شخصی خود تمرکز نموده‌ایم. شما می‌توانید یکی از دو راه را انتخاب کنید: ۱) جادّهٔ زندگیِ خودمحور و انجام رسوم معمول، و یا ۲) جادّهٔ سرسپردگی و خدمت به دیگران.

به نظر شما، آیا انتخاب عُرپَه، انعکاسی از جادهٔ خودمحور بود؟ چه عوامل دیگری می‌توانست بر تصمیم او اثرگذار باشد؟

انتخاب روت، چگونه سرسپردگی و خدمت به دیگران را به تصویر می‌کشد؟

در آیهٔ ۱۴ روت بـه نعومـی «چسـبید.» واژهٔ عبـری اسـتفاده شـده بـرای ایـن کلمـه «دَوَق» ($dabaq$) اسـت. ایـن همـان واژه‌ای اسـت کـه در پیدایـش ۲: ۲۴ می‌گویـد کـه او (آدم) پـدر و مـادر خـود را تـرک کـرده و «بـه زن خویـش خواهـد پیوسـت.» ایـن کلمـه بـه معنـی ملحـق شـدن و چسـبیدن بـه یکدیگـر اسـت. روت تصمیـم گرفتـه بـود کـه بـا نعومـی بمانـد و او را بـه هیـچ وجـه تـرک نکنـد.

سپس در آیه‌های ۱۶-۱۷ روت وفاداری و سرسپردگی خود را به نعومی اعلام می‌کند:

> «اصـرار مکـن کـه ترکـت کنـم و از نـزدت بازگـردم. هـر جـا کـه بـروی، می‌آیـم، و هـر جـا کـه منـزل کنـی، منـزل می‌کنـم. قـوم تـو، قـوم مـن و خـدای تـو، خـدای مـن خواهـد بـود. هـر جـا کـه بمیـری، می‌میـرم و همـان جـا دفـن می‌شـوم. خداونـد مـرا سـخت مجـازات کنـد اگـر حتـی مـرگ مـرا از تـو جـدا سـازد.»

نوعِ سرسپردگی روت به نعومی و به خداوند را شرح دهید.

روت انتخـاب کـرد تـا نعومـی را پیـروی کنـد. معنـای ایـن انتخـاب بـرای روت چـه می‌توانسـت باشـد؟

جـادهٔ سرسـپردگی بـه نـدرت می‌توانـد جـاده‌ای بـرای راحتـی و آسـایش باشـد. قـدم گذاشـتن در ایـن جـاده معمـولاً ناخوشـایند اسـت. انتخـاب مـا، چـه خـوب و چـه بـد، بـر نسـل آینـده تاثیـر می‌گـذارد. روت یکـی از اجـداد خـودِ مسیح بـود. بـه خاطـر ایمـان او و قـدم گذاشـتنش در جـادّهٔ ناشـناخته‌ها، امـروز مـا برکـت یافته‌ایـم.

قدم برداشتن در جادهٔ سرسپردگی و خدمت به خودی خود صورت نمی‌پذیرد. برای این کار، شما باید یک تصمیم جدّی بگیرید.

به دور کلماتی که انتخاب روت را برای متابعت نعومی توصیف می‌کنند، دایره بکشید.

| | | | |
|---|---|---|---|
| سنجیده | بر اساس ایمان | عجولانه و از روی هوس | دایمی |
| موقتی | مصمم | گزاف | از روی احساسات |

برای روت ممکن نبود که یک بخش از وجود خود را به بیت لحم بفرستد و مابقی را در موآب نگاه دارد. با رفتن به بیت لحم همه چیز کاملاً تغییر می‌کرد ... محیط زندگی او، دوستان او، و روابط او. زندگی جدید او با زندگی سابقش کاملاً متفاوت می‌شد.

در حین مطالعهٔ این داستان، از خود بپرسید که آیا با انتخاب جادهٔ آسایش شخصی و عادات معمول، شما نیز به صورت روزانه مشغول کارهایی هستید که انجام آنها طبیعتاً آسان است ... یعنی کارهایی که احساسات شما آنها را دیکته می‌کنند؟ یا اینکه شما حاضرید جادهٔ سرسپردگی و خدمت به دیگران را انتخاب کنید؟ به یاد داشته باشید که هر تصمیمی که بگیرید، چه کوچک و چه بزرگ، بسته به آن است که در وهلهٔ اول، کدام یک از این دو جاده را برگزیده باشید.

برای پاسخ به پرسش‌های زیر، دعا کنید تا خداوند به شما نشان دهد که شما به صورت روزانه و در عمل، در حال انتخاب کدام جادّه هستید.

من در ارتباط با موارد زیر، کدام جاده را انتخاب می‌کنم؟ جادهٔ آسایش یا جادهٔ سرسپردگی؟

- ارزش‌ها و معیارهایی که دارم
- استفاده از وقت، پول، و مایملکی که در اختیار من است
- منزلی که در آن ساکنم

- شغلی که منبع درآمد من است
- رابطه‌ای که با افراد خانواده و دوستانم دارم
- روشی که مسیح را پیروی می‌کنم

در متی ۱۶ : ۲۴ مسیح گفت: «اگر کسی بخواهد مرا پیروی کند، باید خود را انکار کرده، صلیب خویش برگیرد و از پی من بیاید.» پس اگر شما می‌خواهید شاگرد مسیح شوید، شما نمی‌توانید در جادهٔ آسایش شخصی زندگی خود را صرف انجام عاداتی معمول کنید.

مسیح، در واقع گفت که هر که بخواهد جانِ خود را حفظ کند، آن را از دست خواهد داد. اما اگر شما حاضر باشید جان خود را به خاطر او از دست بدهید، در واقع تصمیم گرفته‌اید تا جادهٔ سرسپردگی و خدمت به دیگران را برگزینید ... یعنی آنچه عیسی برای ما انجام داد. در این جاده شاید به نظر آید که تمام حقوق، آرامش و راحتی خود را از دست داده و تبدیل به یک بدبخت شده‌اید. ولی واقعیت این است که اگرچه این جاده دشواری‌های خاص خود را دارد، اما شادی و برکات آن در هیچ جای دیگر یافت نمی‌شود. آزادی حقیقی را تنها زمانی تجربه خواهید کرد که جادهٔ پیروی از عیسای مسیح را انتخاب کنید.

## آیهٔ حفظی

در طول این هفته بر این آیه تفکر کرده و آن را حفظ کنید.

**می‌دانیم در حق آنان که**
**خدا را دوست می‌دارند**
**و بر طبق اراده او**
**فراخوانده شده‌اند،**
**همه چیزها با هم**
**برای خیریت در کار است.**

رومیان ۸ : ۲۸

# هفتهٔ سوم

## عاملی که همه چیز را تغییر می‌دهد

**موضوع هفته : باورهای ما دربارهٔ خدا بر همهٔ دیدگاه‌های ما تأثیر می‌گذارد.**

فرض کنید:

- رئیس‌تان به شما اطلاع می‌دهد که شما کارتان را از دست داده‌اید
- برای تعمیر ماشین خود باید مبلغ گزافی پرداخت کنید
- دفتردار مدرسه به شما اطلاع می‌دهد که بچهٔ شما دوباره به دفتر مدیر احضار شده است
- به نتیجهٔ آزمایش خون خود نگاه می‌کنید. هیچ خبر امیدوارکننده‌ای در آن وجود ندارد ... هر چه هست، خیلی بد است.

به نظر شما چگونه باور شما دربارهٔ خداوند می‌تواند بر واکنش‌تان نسبت به موارد بالا اثر بگذارد؟ آیا شما باور دارید که علیرغم همهٔ این شرایط ناگوار، خدا همچنان نیکوست؟ آیا شما باور دارید که او در انجام وعده‌هایش امین و وفادار است؟ آیا شما مطمئن هستید که او برای شما نقشه‌ای دارد؟ اگر باور شما به خدا، به جای آنکه بر آنچه کلام خدا دربارهٔ او می‌گوید، بر احساسات و اوضاع و شرایط بنا شده باشد، شما در خطر خشم و تلخی هستید. اینجاست که شما تمام تمرکز خود را به جای آنکه بر داشته‌هایتان گذاشته باشید، بر آنچه که از دست داده‌اید نهاده‌اید. و در نتیجه، از آنچه خدا درون شما و در اطراف شما انجام می‌دهد کاملاً غافل می‌مانید.

در این هفته، در حالی که نعومی را در سفرش همراهی می‌کنیم، خواهیم دید که چگونه نقطه نظراتِ منفیِ او نسبت به خدا، بر واکنش‌های او نسبت به جریانات زندگی‌اش تأثیر نامطلوبی گذاشته بود. هرگاه شخصیت حقیقی خدا را دقیق‌تر مطالعه کنیم، متقاعد می‌شویم که در داشتن دیدگاه درست در مورد خدا، خصوصیات خدا، حمایت‌های خدا از

ما، قدوسیت خدا، قدرت خدا، و رحمت و فیض خدا نیروی عظیمی نهفته است. شناخت حقیقت دربارۀ خدا زندگی ما را متحوّل می‌سازد!

## روز اول: دیدگاه معیوب دربارۀ خدا

روت ۱ : ۱۹-۲۱ را بخوانید.

همۀ ما در زندگی خود زخمی و آزرده شده‌ایم. امّا معمولاً نتایجی که تجربه می‌کنیم بیش از آنکه بسته به اتفاقاتی باشد که در زندگی‌مان رُخ می‌دهند، ثمر واکنش ما به آن اتفاقات است. در واقع، نوع دیدگاه و درک ما از خداست که چگونگی واکنش‌های ما را تعیین می‌کند.

در مطالعۀ امروز خواهیم دید که واکنش‌های نعومی به اتفاقات زندگی‌اش، همگی برخاسته از دیدگاه معیوب و اشتباهی بود که او از شخصیت خدا داشت.

بر اساس روت ۱ : ۱۹، بازگشت نعومی به بیت لحم چه اثری بر اهالی شهر گذاشت؟

_____

_____

به نظر شما مردم به چه دلیل متوجهٔ بازگشت او شدند؟ به دلایل ارائه شده در زیر توجه کنید. موارد درست را علامت‌گذاری کنید.

☐ قیافۀ نعومی کاملاً فرق کرده بود.

☐ مردم با بازگشت نعومی، هیجان زده شده بودند.

☐ الیملک و دو پسر نعومی مُرده بودند.

☐ نعومی همراه با یک زن موآبی بازگشته بود.

☐ نعومی پیش از ترک بیت لحم، زنی بسیار مشهور و سرشناس بود.

در آیـهٔ ۲۱، نعومـی زندگـی خـود را پیـش از تـرک بیت‌لحـم بـه مقصـد مـوآب چگونـه توصیـف می‌کنـد؟

اصلی‌ترین دلیل خانوادهٔ نعومی در ترک بیت‌لحم چه بود؟ (به روت ۱ : ۱ توجه کنید)

نعومـی بیـت لحـم را بـه خاطـر قحطـی و کمبـود خـوراک تـرک کـرده بـود، و حـالا او بـا روح و جانـی قحطـی زده بازگشـته بـود. او احسـاس می‌کـرد کـه گویـا خـدا بـه دشـمنی بـا او برخاسـته اسـت.

هنگامـی کـه زنـان شـهر پرسـیدند: «آیـا ایـن نعومـی اسـت؟»، نعومـی در پاسـخ از آنهـا درخواسـت کـرد کـه او را «مـارّه» صـدا زننـد؛ نامـی متفـاوت بـه معنـی تلخـی و مـرارت.

معنی اسم نعومی چیست؟ ( به مطلب هفتهٔ اول، روز دوم مراجعه کنید)

به نظر شما، چرا نعومی می‌خواست که اسمش را عوض کند؟

نعومی از دو واژه برای توصیف خدا استفاده می‌کند؟ آن دو واژه را در زیر نام ببرید.

۱.

۲.

واژهٔ عبری برای کلمهٔ قادرمطلق «اِل شدّای» (*El Shaddai*) است. اِل شدّای بیانگر کفایت کامل خدا است: خدایی که زندگی فرزندان نجات‌یافته‌اش را از حضور خویش پُر کرده و با دست مقتدر خود همهٔ نیازهای آنها را برآورده می‌سازد.

سپس در آیه ۲۱، نعومی در اشارهٔ خود به خدا از عنوان «خداوند» استفاده می‌کند. در طول عهد عتیق، این واژه همان «یهوه» (*Yahweh*) است. یهوه نام شخصی خدای اسرائیل است، خدای عهد نگاه‌دارنده‌ای که در زمان نیازمندی قومش به داد آنها می‌رسد.

نعومی خدا را به انجام چه چیزی در زندگی خود محکوم کرد؟ (آیه‌های ۲۰-۲۱)

---

---

---

بر اساس آنچه نعومی در این آیه‌ها بر زبان می‌آورد، دیدگاه او نسبت به خدا چه تفاوتی با معنی نام خدا داشت؟

---

---

---

نعومی نه تنها به این نتیجه رسیده بود که او را به اشتباه نعومی نامیده بودند، بلکه احتمالاً باور هم کرده بود که استفاده از نام‌های «اِل شدّای» و «یهوه» برای توصیف خدا باید اشتباه باشد!

# اسامی خداوند

کتاب‌مقدس خدا را با نام‌های مختلفی می‌شناساند. این نام‌ها بازگو کنندهٔ شخصیت خدا هستند. دانستن نام خدا یعنی داشتن شناخت دربارهٔ او، قلب او، راه‌های او، و شخصیت او. او همهٔ آنانی را که طالبِ او باشند، و برای او انتظار کشیده و بر او توکل کنند، ترک نخواهد نمود.

در روت ۱: ۲۱ نعومی، در اشارهٔ خود به خدا، از کلمهٔ اِل - شَدّای (*El-Shaddai*) به معنی «خدایِ قادر مطلق» استفاده می‌کند. این نام در پیدایش ۱۷: ۱ برای اولین بار در کتاب‌مقدس استفاده شده است: «چون ابرام نود و نه ساله بود، خداوند بر او ظاهر شد و فرمود: من هستم خدای قادر مطلق؛ پیش روی من گام بردار و کامل باش.»

سایر نام‌هایی که در کتاب مقدس برای «خدا» بکار گرفته شده‌اند، شامل نام‌های زیر می باشند:

- اِل‌الیون: خدای متعال (پیدایش ۱۴:۲۰)
- اِل رُئی: خدایی که مرا می‌بیند (پیدایش ۱۶:۱۳)
- یهوّه یَری: خدایی که برای ما فراهم کننده است (پیدایش ۲۲:۱۳-۱۴)
- یهوّه رافا: خدا شفا دهندهٔ ماست (خروج ۱۵:۲۶)
- یهوّه شالوم: خدا سلامتی ماست (داوران ۶:۲۴)

بـر اسـاس ایـن چنـد آیـه، نعومـی ظاهـراً معتقـد شـده بـود کـه خـدا (یهـوه) نیازهـای او را رفـع ننمـوده ... یعنـی خداونـد (اِل شـدّای) فاقـد کفایـت کامـل در زندگـی او بـوده اسـت.

آیـا شـما هـم احسـاس کرده‌ایـد کـه گویـا اعمـال خـدا در زندگی‌تـان بـا معنـی نام‌هـای او همخوانـی ندارنـد؟ ایـن جریانـات را شـرح دهیـد.

نعومـی ثابـت کـرد کـه او در دلـش نسـبت بـه خـدا تلخـی داشـت. او برداشـت خـود از خـدا را بـر احساسـات و شـرایط دردناکـی کـه سـال‌ها متحمـل شـده بـود، پایه‌گـذاری کـرده بـود ... نـه بـر حقایقـی کـه کلام خـدا دربـارۀ شـخصیت خـدا تعلیـم می‌دهـد.

در مقابـل هـر آیـه در نمـودار زیـر، در سـتون اول توضیـح دهیـد کـه شـخصیت خـدا چگونـه توصیـف شـده اسـت، و در سـتون دوم دیـدگاه نعومـی از خـدا را مشـخص کنیـد.

| | خصوصیت خدا | دیدگاه نعومی از خصوصیات خدا |
|---|---|---|
| مزمور ۹ : ۱۰ | | |
| مزمور ۴۸ : ۱۴ | | |
| مزمور ۱۴۵ : ۹ | | |

اگر فردی زندگی شما را از نزدیک زیر نظر داشته باشد، برداشت او در بارهٔ دیدگاه شما نسبت به خدا چه خواهد بود؟

_____

_____

چگونه داشتن دیدگاه معیوب نسبت به خدا، می‌تواند بر موارد زیر اثر بگذارد؟

• دیدگاه شما نسبت به دشواری‌های زندگی

• واکنش شما به تغییرات

• عکس‌العمل شما هنگامی که دیگران شما را می‌رنجانند

نعومی حق داشت معتقد باشد که خدا در جریانات زندگی‌اش دخیل بوده است. اما، این طرز فکر که خدا با او دشمنی کرده بود، کاملاً اشتباه بود. اتفاقاً برعکس، خدا همانند پدری که دختر خود را فوق العاده دوست داشته باشد، حامی و پشتیبان نعومی بود. بر همین منوال، اگر شما نیز فرزند خدا هستید، او شما را نجات داده است. او دشمن شما نیست. او حامی و پشتیبان شما است و با محبتی بیکران از شما مراقبت و محافظت می‌کند. زمانی که او اجازه می‌دهد تا شرایطی دردناک به زندگی شما حمله‌ور شوند، هدف اصلی او این است که شما را بازیافت کند، شما را تحت نظم و ترتیب درآورد، شما را تعلیم و تربیت کند، و شما را تصفیه کرده و ناخالصی‌هایتان را بزداید تا شما زندگی پُر بارتری داشته باشید.

داشتن شناخت از نام‌های خدا، دانشی عقلانی بود که نعومی از آن برخوردار بود. اما داشتن این دانش عقلانی یک چیز است، و اعتماد کردن به نام‌ها و شخصیت او، و داشتن ایمان به اینکه او همهٔ شرایط زندگی ما را به جهت خیریت ما بکار خواهد گرفت (رومیان ۸ : ۲۸) چیز دیگری است.

فرصتی را برای تفکر دربارهٔ نام‌هایی که در فهرست صفحهٔ بعد آمده‌اند (هرچند که لیست جامعی نمی‌باشد)، اختصاص دهید. از میان نام‌های موجود در این لیست تعدادی را انتخاب کنید و با چند جملهٔ کوتاه تجربهٔ شخصی خود را در ارتباط با آن جنبه از شخصیت خدا توصیف کنید.

در انتهای مطالعهٔ امروز، ضمن مرور و تعمق در هر یک از این نام‌ها، اینطور دعا کنید: «خداوندا، عطا کن تا به آنچه دربارهٔ خودت می‌گویی اعتماد کنم.»

| | | |
|---|---|---|
| خدای متعال | خدای زنده | مشاورِ شگفت‌انگیز |
| شاه شاهان | آفریننده | صخره و پناهگاه |
| قادر توانا | نگاه دارنده | یاری دهنده |
| منْ هستم | پدر | شفا دهنده |
| خدای ابدی | سَروَر صلح و سلامتی | رهایی دهنده |
| الف و ی | محافظت کننده/ مدافع | |

## روز دوم: دلِ تلخ

روت ۱ : ۲۰-۲۱ را بخوانید.

چارلز دیکنز در داستان مشهور خود، *آرزوهای بزرگ*، از دوشیزه‌ای به نام خانم هاویشام نام می‌برد که نامزدش درست در روزی که قرار بود آنها با هم ازدواج کنند، او را ترک کرده و به دنبال دختر دیگری می‌رود. دوشیزه هاویشام، برای ده‌ها سال، لباس عروسی و توریِ سر خود را از تن نکَند تا آنکه آن لباس زیبا تبدیل به لباسی مندرس و زرد شد. او پنجره‌های خانه‌اش را با پرده‌های زخیمی پوشاند تا نور آفتاب هرگز به داخل نتابد. او به جای دور انداختن کیک عروسی‌اش، آن را آنقدر نگاه داشت تا تبدیل به تودهٔ کپک زده‌ای گردید که در نهایت سهم موش‌ها شد.

دوشیزه هاویشام در بخشی از این داستان می‌گوید: «موش‌ها کیک را جویده‌اند، اما چیزی بسیار تیزتر از دندان موش در حال جویدنِ جانِ من است.»

شایـد شـما هـم می‌فهمیـد دوشـیزه هاویشـام دربـارۀ چـه نـوع دندان‌هـای تیـزی صحبـت می‌کنـد ...دندان‌هـای تیـز تلخـی و مـرارت کـه شـادی مـا را می‌رباینـد و آرامـش مـا را فرسـوده می‌کننـد. ایـن درد بـرای نعومـی نـا آشـنا نبـود. نعومـی هـم اجـازه داد تـا مـرضِ تلخـی بـه جـان او افتـاده و او را فرسـوده سـازد (روت ۱ : ۱۳ و ۲۰).

از میـان کلماتـی کـه در زیـر نوشـته شـده‌اند، بـه دور کلماتـی کـه خصوصیـات یـک شـخص تلـخ شـده را توصیـف می‌کننـد، دایـره بکشـید.

بـه شـخصیت تلخـی بیندیشـید کـه شـاید در کتابـی و یـا در فیلمـی بـا او آشـنا شـده‌اید. چگونـه تلخـی و مـرارت درونـش روابـط او بـا دیگـران، احساسـات و عواطـف او، و حتـی ظاهـر فیزیکـی او را مسـموم کـرده اسـت؟

مـرضِ تلخـی غالبـاً بـا یـک رنجـش و آزردگـی کوچـک شـروع می‌شـود ... رنجشـی کـه در شـروع، مـا از برخـورد صحیـح بـا آن غفلـت می‌کنیـم. بـه نظـر شـما، در ارتبـاط بـا ایـن آزردگی‌هـا، چـه واکنش‌هـای اشـتباهی می‌توانیـم از خـود بـروز دهیـم (و شـاید نشـان داده‌ایـم)؟

تلخی و مرارت غالباً واکنش ما در مقابل افرادی است که باعث رنجش و آزردگی خاطر ما شده‌اند. اما نکتهٔ قابل توجه این است که *عامل ایجاد تلخی در ما آن چیزی نیست که بر سر ما می‌آید، بلکه واکنش ما نسبت به آن است*. بله، عکس‌العمل شما نسبت به دردها، آزردگی‌ها، و صدماتی که تجربه می‌کنید قادر است چنان مرارتی در شما ایجاد کند که اثر عمیقی بر خود شما و اطرافیان شما بگذارد.

در کلام خدا، نعومی تنها کسی نبود که حس تلخی خود را بروز می‌دهد. شخصِ دیگری که متحمل درد و رنج فراوان شد، ایوب نام دارد.

ایوب ۱ : ۱۳-۱۹ و ۲ : ۷-۸ را بخوانید. ایوب چه نوع مشقاتی را تجربه کرد؟

ایوب ۹ : ۱۷-۱۸ و ۲۷ : ۲ را بخوانید. در واکنش‌هایی که ایوب و نعومی نسبت به درد و رنج نشان می‌دهند، چه نکات مشابهی می‌یابید؟

نعومی و ایوب، هر دو، با تجربیات دردناک و جانکاهی در زندگی خود روبرو شده بودند. در وسط غم و اندوه‌شان، هر دو به دنبال سرزنش چیزی و یا کسی بودند. و با سرزنش نمودن خدا (آن هم بصورتی بسیار جزیی) آنها اجازه دادند تا تلخی در قلبشان رسوخ کند.

اگر شما در چنین شرایط مشابهی قرار می‌گرفتید، آیا عکس العمل شما با آنچه ایوب و نعومی کردند متفاوت می‌شد؟ اگر بله، چه نوع واکنش متفاوتی از خود نشان می‌دادید؟

تلخـی و مـرارت چیـزی اسـت کـه مـا غالبـاً آن را براحتـی در دیگـران تشـخیص می‌دهیـم، امـا بـه سـختی آن را در خـود می‌بینیـم. چطـور می‌تـوان تشـخیص داد کـه در دلمـان تلخـی داریـم؟

آیه‌هـای زیـر را بخوانیـد و مشـخص کنیـد کـه بـه هنـگام تلخـی چـه رفتـاری از خـود نشـان می‌دهیـم.

- ________________ (ایوب ۷ : ۱۱)
- ________________ (رومیان ۳ : ۱۴)
- ________________ (اول قرنتیان ۱۰ : ۱۰)

متأسـفانه، تلخـی لبریـز شـدنی اسـت. شـما نمی‌توانیـد آن را در درون خـود نـگاه داریـد. تلخـی و مـرارت بالاخـره از طریـق زبـان شـما بیـرون خواهـد زد. درسـت بـه ماننـد نعومـی ... زمانـی کـه او بـا مـردم شـهر خـود صحبـت کـرد، تلخـی و مـرارت از درون او لبریـز شـد.

هنگامـی کـه تلخـی خـود نسـبت بـه خـدا و شـرایط زندگی‌تـان را بـر زبـان می‌آوریـد، شـنوندگان خـود را بـا آنچـه در حـال خـوردن شماسـت آلـوده و مسـموم می‌کنیـد. بـه عبرانیـان ۱۲ : ۱۵ مراجعـه کنیـد. ایـن آیـه دربـارهٔ آثـار تلخـی چـه می‌گویـد؟

آیا این مورد را در زندگی خود تجربه کرده‌اید؟

یکی از راه‌های مفید بـرای تشـخیص تلخی در دلمـان ایـن اسـت کـه از خـود دو پرسـش مهـم بپرسیم:

۱. آیا کسی در زندگی من وجود دارد که او را به طور کامل نبخشیده باشم؟
۲. آیا شخص و یا شرایطی در زندگی مـن وجـود دارنـد کـه قـادر نباشـم خـدا را بابـت آنهـا سپاس گویـم؟

مدتـی را بـرای تفکر و تعمـق بـر ایـن پرسـش‌ها اختصـاص دهیـد. و در دعـا از خداونـد بطلبیـد کـه اگـر شـواهدی از تلخـی در دل شـما وجـود دارد، آنهـا را بـه شـما نشـان دهـد. اگـر خـدا نشـان دهـد کـه شـما نسـبت بـه کسـی و یـا چیـزی تلخـی و مـرارت داریـد، دلسـرد و مأیـوس نشـوید ... ایـن در واقـع، خبـر خوبـی اسـت. ایـوب هرگـز اجـازه نـداد کـه تلخـی موقتـی او، بـه یـک مهمـان دائمـی در زندگی‌اش تبدیـل بشـود. در آخـر داسـتان ایـوب، او توبـه می‌کنـد ... او زندگـی بازیافـت شـده‌ای را تجربـه می‌کنـد. در مطالعـهٔ فـردا، بـه ایـن مطلـب خواهیـم پرداخـت کـه چگونـه می‌تـوان از تلخـی و مـرارت آزاد شـد.

## روز سوم: آزادی از تلخی و مرارت

افسسیان ۴ : ۳۱ را بخوانید.

پولـس رسـول در نوشـتجات خـود در رابطـه بـا موضـوع تلخـی و مـرارت، هیچـگاه بـا کلمـات بـازی نکـرد. او در رسالهٔ خـود بـه کلیسـای افسـس، بـه طـور جـدی بـه آنهـا گفـت تـا تلخـی را از خـود «دور کننـد». ترجمـهٔ مـژده می‌نویسـد: آن را «در میـان خـود راه ندهیـد». اگـر مـا پیـرو حقیقـی مسـیح هسـتیم، پـس تلخـی نبایـد جایـی در زندگـی مـا داشـته باشـد.

در افسسیان ۴ : ۳۱ واژهٔ یونانـی بـرای کلمـه «تلخـی» بـه معنـی یـک شـئ نـوک تیـز اسـت. ایـن کلمـه هـم می‌توانـد بـه خوراکـی اشـاره کنـد کـه مـزهٔ تیـز و تلخـی دارد ... و هـم بـه چیـزی کـه سیخونک می‌زنـد و خـراش دهنـده اسـت. اگـر معنـای ایـن کلمـه را تحت‌اللفظـی در نظـر نگیریـم، می‌توانـد اشـاره بـه ذهنیـت خشـمگین و تلـخ انسـانی اشـاره کنـد کـه در خـلال عبـور از مشـکلات تولیـد می‌شـود.

آیهٔ افسسیان ۴ : ۳۱ را که در زیر آمده است، یک بار دیگر بخوانید و به دُور هر گونه حس دیگری که تلخی را همراهی می‌کند، دایره بکشید.

> «هرگونه تلخی، خشم، عصبانیت، فریاد، ناسزاگویی و هر نوع بدخواهی را از خود دور کنید.»

---

نویسنده و معلم مسیحی، اِرین دِیویس (*Erin Davis*) این سیر پیشرونده را اینگونه توصیف می‌کند:

«متاسفانه تلخی همواره با چمدانی پر از وسائل کثیف و زشت سفر می‌کند. هنگامی که تلخی در قلب من ریشه می‌دواند، همراه با آن خشم هم می‌آید .... عصبانیت، بدگویی، و بدخواهی هم می‌آید ...

- اگر ما بلافاصله با تلخی درونمان درست برخورد نکنیم، این تلخی تبدیل به خشم و عصبانیت خواهد شد.
- اگر ما بلافاصله با خشم درست برخورد نکنیم، این خشم با فریاد تخلیه خواهد شد .
- اگر با فریاد زدن به هدف نرسیم، شروع به ناسزاگویی خواهیم کرد ... یعنی دربارهٔ افراد و عواملی که از آنها تلخی به دل گرفته‌ایم، به بدگویی خواهیم پرداخت. و متأسفانه این قدم را با این امید برمی‌داریم تا شنوندگان خود را مجاب بکنیم که مثل ما فکر کنند و به این ترتیب احساسات مجروح خود را موجّه قلمداد کنیم.
- اگر همچنان به نتیجهٔ دلخواه خود نرسیم، به بدخواهی خواهیم پرداخت ... یعنی در خود تمایلی برای صدمه زدن به اشخاصی خواهیم یافت که ما از آنها تلخی به دل گرفته‌ایم.

اشخاصی که خود را در این مسیر پیش رونده و مخربِ تلخی می‌یابند، عموماً افراد فوق العاده آزُرده و مجروحی هستند که معمولاً در روابطشان با دیگران، قهر و تیرگی به چشم می‌خورد ... افرادی که شادی آنها ربوده شده و روند میوهٔ روح‌القدس در زندگی آنها متوقف شده است.

---

آیا شاهد این روند پیشرونده در زندگی خود بوده‌اید؟ لطفاً توضیح دهید.

هنگامی که این خصوصیات زشت، یعنی تلخی، خشم، عصبانیت، فریاد، ناسزاگویی و بدخواهی را به زندگی خود راه می‌دهید تا زندگی شما را تسخیر کنند، به مانند این است که یک بطری پر از زهر در آشپزخانهٔ خود نگاه داشته باشد. تلخی و عواقب کُشندهٔ آن، نه فقط زندگی خود شما را تهدید می‌کند، بلکه زهر آن به اطرافیان‌تان نیز سرایت خواهد کرد. و بیش از هر چیز دیگر، رابطهٔ شما را با خدا تیره و تار می‌کند.

تلخی و مرارت:

- روح‌القدس را محزون می‌سازد.
- ما را تبدیل به اشخاصی سختدل، سرد، و بدقلق می‌کند که زندگی کردن با آنها دشوار است.
- ما را تبدیل به اشخاصی منفی و ایرادگیر می‌نماید.
- ما را تبدیل به اشخاصی می‌کند که در مقابل محبت خدا و نقشه‌های او از خود مقاومت نشان می‌دهند.
- در نهایت، به مثال اسیدی که ظرف حاوی خود را نابود می‌سازد، زندگی ما را نابود می‌کند.

عبرانیان ۱۲ : ۱۵ را یک بار دیگر بخوانید.

این آیه ما را از چه نتایج دیگری که حاصل تلخی هستند بر حذر می‌دارد؟

مخاطبین این پیغام چه کسانی هستند؟ (راهنمایی: عبرانیان ۳ : ۱-۶ را بخوانید)

مخاطبین نویسندۀ کتاب عبرانیان بی‌ایمانانی نبودند که هنوز بردۀ گناهان خود باشند. او مطلب خود را خطاب به افرادی می‌نویسد که به مسیح ایمان آورده و نجات‌شان تضمین شده بود. بنابراین، حتی اگر پیرو مسیح باشید، این خطر وجود دارد که شما نیز با مشکل تلخی در حال کشمکش باشید.

در یعقوب ۴ : ۷-۱۰ یعقوب نشان می‌دهد که چگونه می‌توان از تلخی و مرارت آزاد شد. لازم به توجه است که روشهای ارائه شده، نه پیشنهاداتی صِرف، بلکه دستوراتی هستند که آنها را باید اجرا کرد. ما به عنوان پیروان مسیح، نیاز قطعی به اطاعت از آنها داریم.

به دور فرمان‌هایی که یعقوب در این آیه‌ها خاطرنشان می‌کند دایره بکشید.

> «پس تسلیم خدا باشید. در برابرِ ابلیس ایستادگی کنید، که از شما خواهد گریخت. به خدا نزدیک شوید، که او نیز به شما نزدیک خواهد شد. ای گناهکاران، دستهای خود را پاک کنید، و اِی دو دلان، دل‌های خود را طاهر سازید. به حالِ زار بیفتید و نُدبه و زاری کنید. خندۀ شما به ماتم، و شادی شما به اندوه بَدل گردد. در حضور خدا فروتن شوید تا شما را سرافراز کند.»

همچنانکه شما برای شناخت خدا در زندگی روحانی خود تمرکز خود را بر خداوند می‌گذارید، به مرور زمان به مرحله‌ای خواهید رسید که مطمئن خواهید شد که خدا از همۀ آنچه در زندگی شما اتفاق افتاده است نقشه و هدفی دارد. بله، حتی اگر هنوز از نقشه‌ها و اهداف او سر در نیاورده باشید، شما به او اعتماد خواهید کرد. به این ترتیب، با اعتماد به نقشه‌های او در زندگیتان، درک خواهید کرد که او برای هر یک نیاز شما، فیضی مخصوص مهیا می‌کند.

در نمودار صفحۀ بعد لیستی از قدم‌های عملی که یعقوب ۴ : ۷-۱۰ تعلیم می‌دهد تهیه کنید. در ستون دوم بنویسید چگونه این قدم‌ها می‌توانند شما را در آزادی و خلاصی از تلخی کمک کنند .

| فرمان موجود در یعقوب ۴ | اثر آن بر تلخی |
| --- | --- |
| مثال: تسلیم خدا باشید | مثال: با خدا موافقت کنید که تلخی نباید در قلب شما باشد |

## روز چهارم: فرار با دست خالی؟

روت ۱ : ۲۱ - ۲ : ۱ را بخوانید.

در آیهٔ ۲۱ نعومی وضعیت خود را به هنگام ترک کردن بیت‌لحم و زمان بازگشت به آنجا چگونه توصیف می‌کند؟

---

---

---

بالطبع نعومی فراموش کرده است که ده سال پیش، هنگامی که خانوادهٔ او بیت لحم را ترک کرد، وضعیت واقعی امور چگونه بود! چه چیزی می‌تواند ثابت کند که در طول سالیانی که او و خانواده‌اش در موآب ساکن بودند، زندگی او خالی‌تر شده بود؟

---

---

فهرستی کوتاه از آنچه که شما تابحال از دست داده‌اید تهیه کنید ... چیزهایی از قبیل اموال، موقعیت، و افراد که فقدان آنها موجب دلسردی و اندوه شما شده است.

بخش اول آیهٔ ۲۲ در زیر نوشته شده است. آن را بخوانید و سپس دور کلماتی که تکرار شده‌اند، دایره بکشید.

> «بدین سان نعومی بازگشت و عروسش، روتِ موآبی، که از دیار موآب بازگشته بود، همراه وی آمد.»

نویسندهٔ کتاب روت دو بار به بازگشتن نعومی اشاره می‌کند. نعومی به مرحلهٔ عجز و درماندگی رسیده بود. او در قلب و زندگی خود شدیداً احساس خالی بودن می‌کرد. شاید او تصور می‌کرد که تنها چارهٔ باقیمانده برای او این بود که با دست خالی به بیت لحم بازگردد.

حالا بخش دوم آیهٔ ۲۲ را بخوانید. هنگامی که نعومی و روت وارد بیت لحم شدند، آنها شاهد چه رُخدادی در بیت لحم شدند؟

کلمهٔ «درویدن» کدامیک از مفاهیم زیر را در ذهن شما تداعی می‌کند؟ آنها را با کشیدن یک دایره مشخص کنید.

| | | |
|---|---|---|
| امید | خوراک | جشن |
| فقدان | فراوانی | خشکسالی |
| سخت‌کوشی | کمبود | |

هنگامی که نعومی و خانواده‌اش بیت لحم را ترک کردند، خشکسالی بر آن سرزمین حکمفرما بود. اما هنگامی که آنها بازگشتند، فصل «درویدن» بود. فصل اول کتاب روت با غم و اندوه فراوان آغاز می‌شود، اما با امید به پایان می‌رسد. زمان، زمانِ درو و برداشت محصول

است ... زمانی که مردم جمع می‌شوند تا به شکرگزاری و جشن و پایکوبی بپردازند.
بیایید تا با دیدی وسیع به همهٔ آن شرایطی بیندیشیم که تا حالا نعومی با آنها روبرو شده بود. در قسمت پایین استکان زیر فهرستی از وقایع زندگی نعومی تهیه کنید که به نظر شما دشوارترین شرایط بودند.

با به پایان رسیدن فصل اول کتاب روت، ما شاهد پُر شدن آنچیزی هستیم که خالی بود. قحطی سبب شده بود تا نعومی و الیملک به هنگام ترک بیت لحم، خالی باشند. آنها تصور می‌کردند که موآب به زندگی آنها پُری خواهد بخشید. اما متأسفانه آنها در آنجا شکست، غم، و فقدان بیشتری را تجربه کردند.

نعومی، در عمق وجودش، واقعاً خالی و ماتم زده بود. غم و اندوه عمیق نعومی بی دلیل نبود، اما اکنون که به وطن خود بازگشته است، زنی سرسپرده را به همراه خود دارد که نعومی را محبت می‌کند. نعومی به خانهٔ خود، یعنی سرزمین موعود، بازگشته بود. اما این بدان معنی نبود که خدا همهٔ مشکلات او را از میان برمی‌داشت، و یا اینکه او در آنجا فوراً به زندگی راحتی دست می‌یافت.

خدا با چه راه‌هایی شروع به پُر کردن زندگیِ خالی نعومی کرد؟ پاسخ این پرسش را در بخش بالایی استکان بنویسید.

خدا گاهی ما را به انتهای خودمان می‌رساند، به مرحله‌ای از خالی بودن. او اجازه می‌دهد که عجز و درماندگی را در عمل تجربه کنیم زیرا غالباً تا زمانی که به آن مرحله نرسیم، به ندرت توجه‌مان به مسیح جلب می‌شود. خدا می‌خواهد که ما به نقطه‌ای برسیم که از درونِ خالی بودن خویش به سوی او فریاد برآوریم تا پُری حقیقی و ماندنی را در جان خود بیابیم.

آیا شما در حال حاضر، در بخش‌هایی از زندگی خود احساس خالی بودن می‌کنید؟

مزمور ۱۶ را بخوانید. در قسمت خالی زیر، استکانی بکشید که تصویری از زندگی خود شما باشد. سپس آیۀ ۱۱ را درون آن بنویسید و در دعا از خداوند بطلبید تا در نهایت، خودِ او قلب شما را با پُری و کمال در مسیح مملو سازد.

## روز پنجم: نه بر حسب اتفاق

روت ۲ : ۱-۴ را بخوانید.

تا به حال در طول این داستان، زندگی نعومی مملو از غصه و ماتم بوده است. اما در ابتدای فصل دوم روت، شاهد نشانه‌های کوچکی هستیم که خبر از اتفاقات خوب می‌دهند.

چه اطلاعاتی از روت ۲ : ۱ کسب می‌کنیم؟

فصل دوم کتاب روت شخصی به نام بوعز را به ما معرفی می‌کند ... فردی که قابلیت داشت تا نعومی و روت را از وضعیت بدی که در آن گرفتار بودند بازخرید کند. بوعز از خویشاوندان الیملک، شوهر وفات یافتهٔ نعومی بود. کلام خدا او را «مردی ثروتمند و با نفوذ» معرفی می‌کند.

نعومی نه تنها ضربهٔ شدیدی از فقر و تهیدستی خورده بود، بلکه امکان بقای اسم همسرش و ادامهٔ رّد خانوادگی‌اش از دست رفته بود. شرایط او نا امید کننده به نظر می‌رسید. اما واقعیت این بود که خدا نسل‌ها پیش از آنکه نعومی بر صحنه ظاهر شود، برای نجات و بازیافت او از این وضعیت طریقی تدارک دیده بود.

لاویان ۲۵ : ۲۵-۳۴ را بخوانید. برای افرادی که در شرایطی مشابه وضعیت نعومی بودند، خدا چه تدارکی در نظر گرفته بود؟

اگـر چـه فصـل دوم کتـاب روت مـا را بـا بوعـز آشـنا می‌کنـد، امـا نعومـی او را از ابتـدا نمی‌شـناخت. در ایـن دوره از زندگـی نعومـی، بـه نظـر شـما خـدا چـه درس‌هایـی بـه او می‌آموخـت؟

بـر اسـاس آیه‌هـای زیـر، خـدا در عهـد عتیـق بـرای بـرآورده کـردن نیـاز آنانـی کـه در احتیـاج بودنـد، روش دیگـری داشـت. در حالـی کـه ایـن آیه‌هـا را می‌خوانیـد، زیـر تـدارکات خـدا یـک خـط بکشـید. سـپس بـا یـک دایـره افـرادی را مشـخص کنیـد کـه تـدارک خـدا نیـاز آنـان را بـرآورده نمـود.

> «چـون محصـول زمیـن خـود را درو می‌کنیـد، تـا بـه گوشـه‌های مزرعـه را بـه تمامـی درو مکنیـد و خوشـه‌های بـر جـا مانـدهٔ محصـول خـود را برمچینیـد. تاکسـتان خـود را دانـه چینـی مکنیـد، و خوشـه‌های ریختـه شـدهٔ تاکسـتانتان را جمـع نکنیـد؛ آنهـا را بـرای فقیـران و غریبـان واگذاریـد: مـن یهـوه خـدای شـما هسـتم.»
> (لاویان ۱۹ : ۹-۱۰)
>
> «چـون محصـول خـود را در مزرعـه‌ات درو می‌کنـی، اگـر بافـه‌ای را در مزرعـه فرامـوش کـردی، بـرای برگرفتـن آن بـاز مگـرد؛ بگـذار بـرای غریـب و یتیـم و بیـوه زن باشـد تـا یهـوه خدایـت تـو را در همـه کارهـای دسـتت برکـت دهـد. چـون درخـت زیتـون خـود را می‌تکانـی، آن را بـرای بـار دوم متـکان؛ بگـذار بـرای غریـب و یتیـم و بیـوه زن باشـد. چـون انگـور تاکسـتان خـود را می‌چینـی، آن را بـرای بـار دوم مچیـن. بگـذار بـرای غریـب و یتیـم و بیـوه زن باشـد. بـه یـاد داشـته بـاش کـه خـود در سـرزمین مصـر غـلام بـودی. بنابرایـن، بـه تـو فرمـان می‌دهـم چنیـن کنـی.» (تثنیـه ۲۴ : ۱۹-۲۲)

روت ۲ : ۲ چگونه تدارک الاهی را برای نعومی و روت به تصویر می‌کشد؟

روت بـه جـای اینکـه منتظـر کسـی باشـد تـا خـوراک روزانـهٔ او و نعومـی را فراهـم کنـد، خـودش پیشـقدم شـد. او مصمـم بـود کـه بـا سـخت کوشـی خـوراک خـود و نعومـی را بدسـت آورد.

در روت ۲ : ۳ می‌خوانیم:

> «پـس روانـه شـده، بـه کشـتزار درآمـد و در عقـبِ درونـدگان خوشـه چینـی می‌نمـود، و اتفـاقِ او بـه قطعـه زمیـن بوعـز کـه از خانـدان الیملـک بـود، افتـاد.» ( ترجمـهٔ قدیمـی)

بـا راه پیـدا کـردن روت بـه ایـن کشـتزار خـاص، چگونـه مشـیّت الاهـی (مراقبـت خـاص خـدا از امـور زندگـیِ روت و پیشـبرد وقایـع آن در مسـیری کـه منظـور نظـر خـود خداسـت) را در عمـل مشـاهده می‌کنیـد؟

اگـر در زندگـی جسـمانی و یـا روحانی‌مـان، خـود را تنهـا، تُهیدسـت، و یـا گرفتـار تلـه‌ای ببینیـم، شـاید مـا نیـز بـه ایـن نتیجـه برسـیم کـه جایـی بـرای پنـاه بـردن بـه آن وجـود نـدارد. امـا آنچـه را شـما بـر آن واقـف نیسـتید، خـدا می‌دانـد: *خـدا بـا روش خـود و در وقـت خـودش، بـرای نیازهـای شـما تـدارک خواهـد دیـد.*

در قسـمت خالـی ایـن صفحـه نمـوداری از زندگـی خـود بکشـید کـه دو سـتون داشـته باشـد. در سـتون اول نیازهـای روحانـی، عاطفـی، و جسـمی خـود را بنویسـید، یعنـی نیازهایـی را کـه خـدا در برهـه‌ای از زمـان بـا تـدارکات خـاص خویـش بـرآورده سـاخت. در سـتون دوم تاریـخ بـرآورده شـدن آن نیازهـا را یادداشـت کنیـد. ایـن نمـودار شـما را کمـک خواهـد کـرد تـا دریابیـد کـه بـرآورده شـدن نیازهایتـان اتفاقـی نبـوده، بلکـه دسـت تـدارک بیننـدهٔ خـدا عامـل اصلـی رفـع آن نیازهـا بـوده اسـت.

با مرور گذشتهٔ خود (وقایعی که در نمودار بالا نوشتید)، آیا شاهد توجهات و مراقبت‌های خدا در زمان نیازمندی خود شدید؟ چه چیزهایی از خدا آموختید؟

_____

_____

_____

_____

تعمق بر آنچه در نمودار بالا نوشتید، چگونه شما را در اعتماد کردن بر خدا در رویارویی با چالش‌های امروزتان کمک می‌کند؟

_____

_____

_____

_____

_____

آیا این حقایق می‌توانند دیدگاه شما نسبت به آینده را عوض کنند؟

_____

_____

_____

_____

هنگامی که ما قادر به دیدن نقشه‌های خدا نیستیم، معمولاً چه می‌کنیم؟ _ما باید به خدا اعتماد کنیم._ خدا بسیاری اوقات اجازه می‌دهد فرزندانش در فقر و نیازمندی بیفتند تا بدین وسیله بر آنان مکشوف کند که او خدایی است که آنان را محبت می‌نماید، از آنها مراقبت می‌کند، و برای جان آنها فراهم می‌کند. آیا شما نیز خودتان را مانند روت و نعومی تنها، نیازمند، و سر در گم می‌بینید؟ ... در شرایطی که به بن‌بست رسیده‌اید و جایی برای پناه بردن پیش روی خود نمی‌بینید؟ آیا باید درک کنید که خدا در همین لحظه در پشت صحنه در حال عمل است؟

در پایان مطالعهٔ ایـن هفتـه، در کمـال صداقـت و شـفافیت، دربـارهٔ هـر بخشـی از زندگی‌تـان کـه احسـاس می‌کنیـد در دام تنهایـی، گمگشـتگی، و سـر در گمـی گیـر کرده‌ایـد، بـا خـدا صحبـت کنیـد. دعـای خـود را بنویسـید. در دعـا، احتیاجـات خـود را بـه او بگوییـد و از او بخواهیـد شما را کمـک کنـد تـا بـه او اعتمـاد کنیـد. از او بطلبیـد تـا بـرای رفـع نیازهایتـان، شـما را از روش‌هـا و زمـان بندی‌هـایِ خـودش مطمئـن سـازد.

## آیهٔ حفظی

در طول این هفته بر این آیه تفکر کرده و آن را حفظ کنید.

**خداوند تو را به سبب**
**آنچه کرده‌ای پاداش دهد،**
**و اجر کامل از جانب یهوه**
**خدای اسرائیل که**
**زیر بال‌هایش**
**پناه گرفته‌ای، به تو برسد.**

روت ۲ : ۱۲

# هفتهٔ چهارم

## این زندگی حرف‌های بسیاری برای گفتن دارد!

**موضوع هفته :** عیسی رهانندهٔ ماست.

بدترین شرایطی که می‌توانید خود را در آن تصور کنید چیست؟ از دست دادن کار خود؟ از دست دادن خانه؟ از دست دادن همهٔ سرمایه و پس‌اندازی که در طول سال‌ها برای خود ذخیره کرده‌اید؟ و یا شاید جدایی از دوستان و افراد خانواده ... یعنی آنانی که دوست داشته و به آنها حس تعلق و وابستگی می‌کنید؟

اکنون شخصی سرشناس و با نفوذ را تصور کنید که از وضعیت شما آگاه شده، و تصمیم می‌گیرد تا به یاری شما بشتابد. او نه تنها قادر است تا ضرر مالی شما را جبران کرده و شما را به نزد خانواده و دوستانی که سال‌ها از آنها دور بوده‌اید بازگرداند، بلکه آمادگی و تمایل به انجام آن را نیز داراست. آیا شما اینچنین پیشنهادی را رد می‌کنید؟ هرگز! ممکن نیست.

داستان روت با اتفاقاتی دلخراش آغاز شد. امّا در پایان مطالعهٔ هفتهٔ پیش، ما با روزنهٔ امیدی روبرو شدیم، امیدی که در ادامهٔ این داستان به مرحلهٔ شکوفایی خواهد رسید. روت خبر نداشت که قرار است چه اتفاقاتی بیفتد، اما او با توکّل و اعتماد بر خداوند، با امانت نعومی را خدمت می‌کرد. در داستان زندگی روت، خدا تصویری از موضوع «بازیافت» را ترسیم می‌کند.

## روز اول: یک زن با تقوا

روت ۲ : ۵-۱۷ را بخوانید.

اگر چه نام کتابی که ما مطالعه می‌کنیم روت است، اما عملاً تا به این لحظه زمان زیادی صرف مطالعهٔ خود روت نکرده‌ایم. در مطالعهٔ امروز، تمرکز خود را بر روت قرار خواهیم داد تا ببینیم که از او چه درس‌هایی می‌توان آموخت؟

بر اساس آیه‌های امروز، شخصیت روت را بطور خلاصه توصیف کنید.

شخصیت روت را با نعومی مقایسه کنید. در این مقایسه به چه نکات مشترک و متضادی بر می‌خورید؟ هر یک از آنها چه واکنشی نسبت به شرایطی که در آن قرار گرفتند نشان دادند؟ این موارد را در نمودار زیر یادداشت کنید.

| | نعومی | روت |
|---|---|---|
| شرایط | | |
| طرز برخورد | | |
| طرز فکر نسبت به خدا | | |

بسیاری از خصوصیاتی که ما در زندگی روت می‌بینیم، همان خصوصیاتی هستند که امثال سلیمان فصل ۳۱ در توصیف شخصیت یک زن با تقوا و شایسته ارائه می‌دهد.

بر اساس روایات یهودی، سلیمان پادشاه زمانی امثال ۳۱ را نوشت که مادرش، بتشبع، داستان جدّه‌اش روت را به او گفت. به احتمال بسیار زیاد، بتشبع با تشریح خصوصیات روت، به پسرش آموخت که برای یافتن همسر آیندهٔ خود، او باید جویای چه خصوصیاتی در او باشد؟

آیه‌های زیر را بخوانید و زیر نکات مشابه خط بکشید.

> «پس اکنون، ای دخترم ترسان مباش. هر آنچه گفتی برایت خواهم کرد؛ زیرا همهٔ همشهریان من می‌دانند که تو زنی شایسته‌ای.» (روت ۳ : ۱۱)
>
> «کیست که همسری شایسته تواند یافت؟ ارجِ او از یاقوت بس فزون‌تر است.» (امثال ۳۱ : ۱۰)

در هر دو آیه عبارت «زن شایسته» (همسر شایسته) از واژهٔ عبری [*Khah'-yil Ish-shaw*] «خَیِّل ایش‌شَه» استفاده شده است. واژهٔ عبری «خَیِّل» می‌تواند به معنای قوی نیز باشد. بیایید طرز فکر زن مذکور در امثال سلیمان ۳۱ را در مورد کار کردن بررسی کنیم. بر این اساس نمودار زیر را پر کنید. البته، اهمیت این موضوع و جزئیات آن را در مطالعهٔ فردا خواهیم دید. در ضمن، از خود بپرسید: آیا این موارد در مورد من صدق می‌کنند؟ نقطه نظرات شخصی خود را در ستون دوم بنویسید.

| | زن توصیف شده در امثال سلیمان ۳۱ | من |
|---|---|---|
| امثال سلیمان ۳۱ : ۱۳ | | |
| امثال سلیمان ۳۱ : ۱۵ | | |
| امثال سلیمان ۳۱ : ۱۸ | | |
| امثال سلیمان ۳۱ : ۲۷ | | |

در پایـان مطالعـۀ امـروز، بـا پـر کـردن نمـودار زیـر، در خصوصیاتـی تأمـل کنیـد کـه آرزو داریـد خـدا آنهـا را در شـما شـکل بخشـد.

| فهرستی از خصوصیات زن شایسته در امثال سلیمان ۳۱ : ۱۰-۳۱ تهیه کنید. | فهرستی از خصوصیات زن شایستۀ توصیف شده در امثال ۳۱ را که در زندگی روت مشاهده می کنید تهیه کنید. | فهرستی از خصوصیات زن شایستۀ امثال ۳۱ و روت را که شما می‌خواهید در زندگی تان شکل بگیرند تهیه کنید. |
|---|---|---|
| | | |

## روز دوم: کار در حکم پرستش

روت ۲ : ۱-۱۷ را بخوانید.

در میـان همـۀ خصوصیـات قابـل تحسـین شـخصیت روت، سـخت کوشـی برجسـته‌ترین ویژگـی او بـود. او حاضـر بـود بـا جمـع‌آوری خوشـه‌های باقیمانـده در کشـتزارها مشـغول انجـام کاری شـود کـه بسـیار پیـش پـا افتـاده و پسـت بـه شـمار می‌رفـت.

در زیر فهرستی از کارها و وظایف روزانهٔ خود تهیه کنید.

- 
- 
- 
- 
- 
- 

شما با چه طرز فکری با کارها و وظایف روزانه‌ای که در پیش رو دارید، برخورد می‌کنید؟ پاسخ خود را با کشیدن یک دایره اطراف کلماتی که در زیر آمده‌اند مشخص کنید.

| | | |
|---|---|---|
| امتیاز | برکت | وظیفه |
| از پا درآمدن | هدیه | درد |
| تعهد | بی‌معنی | خوشی |

آیا می‌توان کار کردن را یک برکت دانست؟ بله می‌توان! خدا ما را به انجام وظایف روزانهٔ بسیاری فرا خوانده است. کارهایی از قبیل پاسخ به ایمیل، تا کردن لباس‌های شسته شده، تمیز کردن منزل، و یا پاک کردن بینی بچه‌ها! نگرش ما به وظایف روزانه مؤثرترین عامل تغییر است.

پیدایش ۲ : ۱۵ را با خط خود در زیر بنویسید.

کار کردن و گماشتن به انجام آن، در اصل ایدهٔ چه کسی بود؟

پیدایش ۳ : ۱۷ و ۱۹ را بخوانید.


گناه آدم و حوا چگونه اصل «کار کردن» را تغییر داد؟
_____

_____


کار کـردن نتیجـۀ سـقوط انسـان نیسـت. خـدا وظیفـۀ کار کـردن را قبـل از سرکشـی آدم و حـوا،
بـه آدم محـول کـرده بـود. از آنجـا کـه گناهکارانـی هسـتیم کـه در دنیایـی سـقوط یافتـه زندگی
می‌کننـد، غالبـاً احسـاس می‌کنیـم کـه کار کـردن ناخوشـایند و بیهـوده اسـت.


در اولیـن فصـل از کتـاب پیدایـش خـدا را در حـال کار کـردن، یعنـی آفرینـش کائنـات و انسـان،
می‌بینیـم. خـدا هرگـز از کار کـردن دسـت نکشـیده اسـت. آیه‌هـای زیـر را بخوانیـد و در مقابـل هـر
آیـه توضیـح دهیـد کـه خـدا چگونـه امـروز نیـز در حـال عمـل اسـت.


افسسیان ۲ : ۱۰



فیلیپیان ۲ : ۱۳



عبرانیان ۱۳ : ۲۱



هنگامـی کـه مـا کاری انجـام می‌دهیـم، نـه تنهـا آنچـه کـه از سـوی خدا بـه ما سـپرده شـده را می‌کنیم
(تثنیـه ۵ : ۱۳)، بلکـه منعکـس کننـدۀ شـخصیت خدایـی هسـتیم کـه همیشـه مشـغول انجـام کار
اسـت (پیدایـش ۱ : ۲۶).

بـه چـه دلایـل دیگـری کار کـردن برکـت محسـوب می‌شـود؟ در زیـر بـا کشـیدن یـک خـط، هـر یـک آیـه را بـه دلیـل مربوطـه وصـل کنیـد.

| | |
|---|---|
| دوم تسالونیکیان ۳ : ۱۰-۱۲ | کار کردن ما را از تنبلی باز می‌دارد. |
| افسسیان ۵ : ۱۵-۱۷ | کار کردن موجب می‌شود که ما برای خانوادۀ خود تدارک ببینیم. |
| اول تیموتاوس ۵ : ۸ | کار کردن به ما فرصت می‌دهد تا شبیه مسیح شویم. |
| امثال سلیمان ۲۱ : ۲۵ | کار کردن کمک می‌کند تا از وقت خود حکیمانه استفاده کنیم. |
| افسسیان ۴ : ۲۸ | کار کردن ما را از فضولی در زندگی دیگران باز می‌دارد. |
| یوحنا ۵ : ۱۷ | کار کردن موجب می شود که ما بتوانیم دیگران را در احتیاجات مالی‌شان کمک کنیم. |

شـاید تصـور مـا از «کار کـردن بـرای خـدا» کارهایـی از قبیـل مبشـر بـودن در کشـورهای دور و بیگانـه، خدمـت در کلیسـا، و یـا راه‌انـدازی پرورشـگاه و یتیم‌خانـه باشـد. در صورتـی کـه اغلـب کارهایـی کـه بطـور روزمـره انجـام می‌دهیـم چنـدان مهیـج و بـا زرق و بـرق نیسـتند. بـه ماننـد خوشه‌چینـی کـه روت انجـام داد، کارهـای مـا نیـز ممکـن اسـت پیـش پـا افتـاده و پسـت باشـند! امثـال سـلیمان ۱۴ : ۲۳ بـه خوبـی یـادآوری می‌کنـد کـه اگـر کاری بـرای خداونـد انجـام شـود، دارای ارزش اسـت. ایـن آیـه را در زیـر بنویسـید.

در نمودار زیر برخی از وظایفی را که خدا به شما محول کرده است یادداشت کنید. شما چه نوع ارزش و یا منفعتی در آنها می‌یابید؟

| ارزش آنها | وظایف من |
| --- | --- |
| | |

آیه‌های زیر نشان می‌دهند که خدا چه انتظاری در ارتباط با نقطه نظر قلبی ما در مورد کار کردن دارد؟ در زیرِ عباراتی که به این موضوع اشاره می‌کنند، خط بکشید.

> «هر کاری را از جان و دل چنان انجام دهید که گویی برای خداوند کار می‌کنید، نه برای انسان، زیرا می‌دانید پاداشتان میراثی است که از خداوند خواهید یافت، چرا که در حقیقت خداوندْ مسیح را خدمت می‌کنید.» (کولسیان ۳ : ۲۳-۲۴)
>
> «هر آنچه دستت برای انجام دادن بیابد، با تمام توانِ خویش انجام بده ...» (جامعه ۹ : ۱۰)

اگر با قلبی شادمان کار کنید و نقطه نظر قلبی شما طوری باشد که گویی برای خداوند کار می‌کنید (کولسیان ۳ : ۲۳)، شما با انجام آن کار، محبت خود را به پدر آسمانی خود ابراز کرده‌اید. و همین موضوع کار شما را به کاری مقدس تبدیل می‌کند. هرگاه کار خود را برای خدا انجام دهید، شما قادر به دیدن انگیزه و هدفی خواهید بود که عمل «کار کردن» را به پیش می‌برد. در واقع شما کار می‌کنید چون خدا را دوست دارید ... شما کار می‌کنید چون دیگران را دوست دارید. در مورد روت نیز، انگیزهٔ او برای کار کردن محبتی بود که او نسبت به نعومی داشت.

این نوع انگیزه و هدف، الزاماً کار کردن را آسان‌تر نمی‌کند. شما همچنان از انجام بخشی از آن کار لذت خواهید برد و از بخشی دیگر لذت نخواهید برد. اما هنگامی که شما کارتان را با انگیزهٔ محبت نمودن خدا و دیگران انجام می‌دهید، سنگینی کار کاسته می‌شود و شما می‌توانید با دیدگاهی متفاوت به کار خود نگاه کنید. و به این ترتیب، بزرگترین شادی خود را در خدمت محبتانه به دیگران خواهید یافت.

اول قرنتیان ۱۵ : ۵۸ را که در زیر نوشته شده است بخوانید. به دور هر واژه‌ای که شما را تشویق می‌کند دایره بکشید.

> «پس، برادران عزیزم، ثابت و استوار بوده، همواره با تمام وجود به کار خداوند مشغول باشید، زیرا می‌دانید زحمت شما در خداوند بیهوده نیست.»

خدا، در رابطه با نقطه نظر قلبی شما در مورد «کار کردن»، چه نکاتی را بر شما آشکار کرده است؟ آیا شما کار خود را با شادی انجام می‌دهید یا با اوقات تلخی؟ آیا خدا به شما نشان می‌دهد که «کار خود را با تمام توان خود انجام ده»؟ از این به بعد، شما باید چه تغییری در نحوهٔ کار کردن خود ایجاد کنید؟ زمانی را اختصاص دهید تا در دعا خدا را برای کاری که به شما بخشیده است، شکرگزاری کنید.

در پایان مطالعهٔ امروز، به نموداری که فهرست وظایف خود را در آن درج کردید مراجعه کنید. در دعا از خداوند بطلبید که به شما نشان دهد چگونه هر یک از این وظایف را برای جلال نام او انجام دهید. هر آنچه که در این زمینه به فکر شما می‌آید، در حاشیهٔ این نمودار یادداشت کنید.

## روز سوم: واجدِ شرایط برای دریافت فیض

روت ۲ : ۸-۱۶ را بخوانید.

یکی از قدم‌های اولیه‌ای که شما را کمک می‌کند تا در رابطهٔ خود با مسیح آزادانه پیش

روید، درک این واقعیت است که شما نمی‌توانید زندگی مسیحی را با قدرت خود به پیش ببرید. شما قادر نخواهید بود نیازهای خود را رفع کنید. شما نمی‌توانید از خودتان محافظت و مراقبت کنید.

فهرستی از مواردی تهیه کنید که شما امروز برای به کمال رسانیدن آنها به کمک احتیاج دارید.

- 
- 
- 
- 
- 
- 

ما در مطالعهٔ امروز با «بوعز» که یکی دیگر از شخصیت‌های اصلی کتاب روت است آشنا می‌شویم. آیه‌های امروز دربارهٔ بوعز چه می‌گویند؟

_____

_____

_____

بوعز چگونه به کارگران خود سلام می‌کرد؟ (آیهٔ ۴)

_____

_____

کلمه‌ای که در آیهٔ ۴ برای «خداوند» بکار برده شده است، همان واژهٔ عبری «یهوه» است. یهوه یکی از نام‌های شخصی خداست که بیانگر خصوصیت عهد نگاه دارندگی اوست.

استفادهٔ بوعز از این واژه چه اطلاعاتی در ارتباط با دیدگاه او نسبت به خدا در اختیار ما قرار می‌دهد؟

_____

_____

_____

روت ۲ : ۸-۹ را که در زیر نوشته شده است، بخوانید. در زیر آنچه بوعز به روت می‌گوید خط بکشید.

> « ... دختـرم، گـوش فـرا ده، بـه کشـتزار دیگـری بـرای خوشـه‌چینی مـرو و اینجـا را تـرک مکـن، بلکـه همیـن جـا بـا کنیـزان مـن بمـان. چشـمانت بـر کشـتزاری باشـد کـه در آن درو می‌کننـد و از پـسِ ایشـان بـرو. جوانـان را امـر کـرده‌ام کـه تـو را لمـس نکننـد. و هـرگاه تشـنه شـدی، نـزد کوزه‌هـا بـرو و از آبـی کـه جوانـان می‌کِشـند، بنـوش.»

مفسـرین کتـاب مقـدس، غالبـاً بـر ایـن باورنـد کـه در ایـن داسـتان، بوعـز تصویـری از مسـیح و کشـتزارش تصویـری از فیـض اسـت. فیـض را مکانـی ماننـد ایـن کشـتزار تصـور کنیـد کـه در آن ولّـی و رهاننـدۀ گشـاده دسـتی را ملاقـات می‌کنیـم کـه بـا شـادی مـا را در ثـروت بی‌پایـان خـود شـریک می‌نمایـد و بـه ایـن ترتیـب فقـر و تنگدسـتی روحانـی مـا را از میـان برمـی‌دارد. مـا نیـز ماننـد روت در تنگدسـتی و خطـر قـرار داریـم. و همیـن موقعیـت، مـا را افـرادی واجـد شـرایط بـرای دریافـت فیـض او کـرده اسـت.

در نمـودار زیـر، ارتبـاط بوعـز و روت را بـا رابطـه‌ای کـه مسـیح بـا مـا دارد مقایسـه کنیـد. آیه‌هـای سـتون دسـت چـپ را بخوانیـد و آنچـه را دربـارۀ رابطـۀ مسـیح بـا مـا تعلیـم می‌دهـد یادداشـت کنیـد.

| رابطۀ بوعز با روت | رابطۀ مسیح با ما |
|---|---|
| او پیشقدم شد (آیۀ ۸) | یوحنا ۶ : ۴۴ [مثال: او ما را به سوی خود کشید] |
| او با روت صحبت کرد (آیۀ ۸) | عبرانیان ۱ : ۱-۲ |
| او به روت قول داد که نیازهایش را برطرف کند (آیۀ ۹) | فیلیپیان ۴ : ۱۹ |
| او به روت لطف و فیض نشان داد (آیه‌های ۱۰-۱۲) | تیطس ۳ : ۵ |
| او از روت محافظت کرد (آیۀ ۱۵) | دوم تسالونیکیان ۳ : ۳ |

همانطـور کـه روت بـرای رفـع نیازهایـش بـه شـخصی مثـل بوعـز نیـاز داشـت، مـا نیـز بـرای آنچـه هرگـز قـادر بـه انجامـش نیسـتیم محتـاج مسـیح هسـتیم. بـا ایـن حـال، چقـدر مذبوحانـه اسـت کـه مـا هـم سـعی می‌کنیـم کـه زندگـی مسـیحی را بـا تـلاش و توانایـی خـود زیسـت کنیـم. آیـا شـما نیـز هـر از گاهـی بـرای رفـع نیازهـای خـود، وسوسـه شـده‌اید تـا بـه دنبـال چیـزی یـا کسـی بـه غیـر از عیسـی باشـید؟ معمـولاً بـه چـه چیـزی و یـا بـه چـه کسـی پنـاه می‌بریـد؟

بوعـز بـه روت گفـت: «بـه کشـتزار دیگـری بـرای خوشـه چینـی مـرو.» بوعـز در واقـع از روت خواسـت کـه بـرای رفـع نیـازش بـه هیـچ جـای دیگری پنـاه نبـرد چـون خداونـد در نظـر داشـت احتیاجـات او را در کشـتزار بوعـز فراهـم کنـد. اگـر چـه بوعـز خبـر سرسـپردگی و محبـتِ روت نسـبت بـه نعومـی را شـنیده و سختکوشـی او را نیـز بـه چشـم خـود دیـده بـود، امـا تصمیـم او جهـت رفـع نیازهـای روت و حفاظـت از او، فقـط فیـض را بـه تصویـر می‌کشـید.

در واقـع، بوعـز بـا ایـن عمـل، بـه روت ایـن پیغـام را مـی‌داد کـه: «مـن از فقـر تـو آگاهـی کامـل دارم و می‌دانـم کـه تـو بـه هیـچ وجـه قـادر بـه رفـع نیازهـای خـود نیسـتی. پـس، در اینجـا بمـان. در ایـن کشـتزار همـهٔ احتیاجـات تـو رفـع خواهنـد شـد.» بـر همیـن منـوال، کشـتزار فیـض، یعنـی در پـای صلیـب مسـیح، جایـی اسـت کـه همـهٔ چیزهایـی کـه نیـاز داریـم بـه عنـوان هدیـه در دسـترس مـا قـرار داده شـده اسـت. شـما بـا هیـچ عملـی نمی‌توانیـد لطـف خـدا را بدسـت آوریـد. و در نهایـت، بـرای زیسـتن یـک زندگـی مسـیحی، بطـور مطلـق بـه فیـض خـدا وابسـته هسـتیم؛ فیضـی کـه بایـد در مـا و از طریـق مـا عمـل کنـد.

در پایـان مطالعـهٔ امـروز، فهرسـتی را مـرور کنیـد کـه در آن مـواردی را مشـخص کردیـد کـه شـما امروز بـرای بـه کمـال رسـانیدن آنهـا بـه کمـک احتیـاج داریـد. تأمـل در مفهـوم فیـض، چگونـه نگـرشِ شـما نسـبت بـه ایـن فهرسـت را تغییـر می‌دهـد؟ در مقابـل هـر یـک از مـوارد ایـن فهرسـت، ایـن جملـه را اضافـه کنیـد: «بـرای دریافـت فیـض خـدا، مـن واجـدِ شـرایط هسـتم.»

## روز چهارم: در پناه بالهای او

روت ۲ : ۱۰-۱۳ را بخوانید.

پس از اینکه بوعز سخاوتمندانه به روت پیشنهاد داد که برای خوشه چینی در کشتزار او بماند، پاسخ روت به گونه‌ای بود که امروز می‌تواند برای ما هم آموزنده باشد و هم چالش‌برانگیز!

شما واکنش روت را چگونه توصیف می‌کنید؟

_____

_____

روت زنی بود فروتن، با روحیه‌ای سپاسگزار! او زنی نبود که در پی ادّعای حق و حقوقش باشد. که البته او کاملاً بر این حقیقت واقف بود که به عنوان یک زن غریبه (غیر اسرائیلی)، اصلاً از حقوقی برخوردار نبود. و در ضمن، او هیچ انتظاری از بوعز نداشت. تنها دلیل رفتن روت به کشتزار بوعز این بود تا نعومی را خدمت کرده باشد، و برای خود و نعومی خوراک تهیه کند. و حالا که با اینچنین برکتِ غیرمنتظره‌ای روبرو شده بود، او بطور باور نکردنی شکرگزار بود.

ما غالباً در خانه، در محیط کار، و حتی در کلیسا، از دیگران انتظاراتی داریم: «شما باید این کار را برای من انجام دهید ... وظیفهٔ شماست که مرا خدمت کنید ... شما باید نیازهای مرا رفع کنید ...» به نظر شما اگر ما، به مانند روت، روحیهٔ فروتنی و سپاسگزاری را در خود پرورش دهیم، چه تغییراتی در انتظاراتمان از دیگران ایجاد خواهد شد؟

_____

_____

_____

روت کاملاً بـر ایـن امـر واقـف بـود کـه بوعـز بـه هیـچ وجـه مدیـون او نبـود. روت هرگـز ایـن واقعیـت را فرامـوش نکـرد کـه او غریبـه‌ای بـود کـه اصلاً شایسـتگی دریافـت ایـن لطـف عظیـم را نداشـت. ایـن مـورد در رابطـه بـا مـا نیـز صـدق می‌کنـد. خـدا نیـز بـه هیـچ وجـه مدیـون مـا نیسـت. اگـر مدعـی حـق و شایسـتگی خـود باشـیم، تنهـا لیاقـت مـا ایـن اسـت کـه تـا ابـد در جدایـیِ مطلـق از او بسـر بریـم. نجـات مـا، و هـر برکتـی کـه در ایـن زندگـی زمینـی نصیـب مـا شـده اسـت، همگـی بخاطـر لطـف و فیـض او بـه مـا هدیـه داده شـده اسـت.

آیـا در زندگـی شـما اوقاتـی بـوده کـه بـه طـور ناخودآگاه احسـاس کنیـد کـه خـدا موظّـف اسـت شـما را برکـت دهـد؟

_____

_____

_____

ما چگونه می‌توانیم ذهن خود را از این چنین طرز تفکری حفظ کنیم؟

_____

_____

در حینـی کـه آیـه‌های زیـر را می‌خوانیـد، چـه ارتباطـی بیـن موقعیـت روت و شـرایطی کـه خـود شـما قبـل از ایمـان آوردن بـه مسـیح و چشـیدن طعـم نجـات او داشـتید، می‌یابیـد؟

«او بـا مـا مطابـق گناهانمـان عمـل ننمـوده و آنچنـان کـه سـزاوار بوده‌ایـم، مـا را بـه سـزای اعمال‌مـان نرسـانده اسـت.» (مزمـور ۱۰۳ : ۱۰ - ترجمـه تفسـیری)

«و مـا را نجـات داد. او نـه بـه خاطـر خوبـی و پاکـی مـا، بلکـه فقـط در اثـر رحمـت و دلسـوزی کـه نسـبت بـه مـا داشـت، مـا را از گناهانمـان شُسـت و طاهـر سـاخت و بوسـیلۀ روح‌القـدس، بـه مـا تولـدی تـازه و حیاتـی نـو بخشـید.» (تیطـس ۳ : ۵ ترجمـه تفسـیری)

علیرغم اینکه روت هیچ چیزی برای ارائه کردن نداشت، بوعز او را تحت نظر گرفته بود (۲: ۵). سپس در آیهٔ ۱۱ به روت می‌گوید که او توجه مردم اجتماع اطرافش را نیز به خود جلب کرده است.

چه خصوصیتی در روت وجود داشت که توجه مردم را به خود جلب کرده بود؟

در روت ۲ : ۱۲ بوعز می‌گوید: «خداوند تو را به سبب آنچه کرده‌ای پاداش دهد، و اجرِ کامل از جانب یهوه خدای اسرائیل که زیر بالهایش پناه گرفته‌ای، به تو برسد.»

بوعز از خداوند چه چیزی می‌طلبد که برای روت انجام دهد؟

به روت ۱ : ۹ مراجعه و آن را دوباره بخوانید. نعومی از خداوند چه چیزی برای عروسش می طلبد ؟

حالا دوباره روت ۲ : ۱۲ را بخوانید. برحسب این آیه، بوعز آسایش روت را در کجا می‌دید؟

روت نیاز نداشت تا با دغل بازی مشکل خود را به شکلی متفاوت جلوه دهد. در این آیه‌ها هیچ نشانه‌ای از آشفتگی و یا ناراحتی در روت دیده نمی‌شود. برعکس، ما با زنی روبرو هستیم که قلبی قانع و بسیار آرام دارد.

اگـر همچنـان کـه بوعـز بـه رفتـار روت توجـه می‌کـرد، کسـی زندگـی شـما را تحـت نظـر گرفتـه باشـد، منشـأ امنیـت شـما را در چـه چیـزی خواهـد دیـد؟

«بال‌هـای خداونـد» عبارتـی اسـت کـه بـه دفعـات در کتاب‌مقـدس تکـرار شـده اسـت. آیه‌هـای زیـر را بخوانیـد و بـا کشـیدن خـط، تعریـف سـمت چـپ را بـه آیـهٔ مربوطـه در سـتون سـمت راسـت وصـل کنیـد.

| | |
|---|---|
| مزمور ۱۷ : ۸-۹ | آرامش در وسط طوفان |
| مزمور ۳۶ : ۷-۸ | شادی و یاری |
| مزمور ۵۷ : ۱ | امنیت |
| مزمور ۶۳ : ۷ | طراوت و تازگی |
| مزمور ۹۱ : ۴ | امید در وسط شرایط ترسناک |

در شرایطِ حالِ حاضرِ شما، این آیه‌ها چگونه به شما امید می‌بخشند؟

این آیه‌ها چگونه شما را نسبت به آینده امیدوار می‌کنند؟

ویلیـام کوشـینگ (*William Cushing*) شـبان و نویسـندهٔ سـرودهای مسـیحی در سـالهای ۱۸۰۰ میـلادی بـود. او کـه بـرای سـالیان بسـیاری در خدمـات مسـیحی فعـال بـود، ناگهـان قـدرت تکلـم خـود را از دسـت داد. او از خداونـد خواسـت: «مـرا در زیـر سـایهٔ بالهایـت پنهـان کُـن.» (مزمـور ۱۷ :

۸) و بـه عنـوان شـهادت شـخصی کسـی کـه روح طوفـان زده‌اش در خداونـد امنیـت و آسـایش یافتـه اسـت، سـرودی را کـه در زیـر آمـده اسـت نوشـت.

در پایـان مطالعـهٔ امـروز، دقایقـی بـر کلمـات ایـن سـرود تعمّـق کنیـد؛ کلماتـی کـه سـالها پیـش نوشـته شـده‌اند، امـا امـروز نیـز واقعیـت دارنـد. بـه دور کلمـه «بالهـا» دایـره بکشـید و زیـر جملاتـی خـط بکشـید کـه نشـان می‌دهنـد دانسـتن اینکـه بالهـای خـدا بـر سـر نویسـنده سایه‌گسـتر اسـت، قلـب و جـان نویسـنده را تحـت تأثیـر قـرار داده اسـت. در دعـا از خداونـد بخواهیدکـه بـه شـما هـم دلـی ببخشـد کـه تنهـا بـه او اعتمـاد می‌کنـد، و فقـط در او آرامـی می‌یابـد.

در زیر بالهای وی، ساکن در پناه وی
چون شب ظلمتش شود تیره‌تر، تلاطمِ طوفان سهمگین‌تر
در دست خود بردارَدَم، یقین دارم او حفظ کُنَدَم
او که نجاتم داده، مرا فرزند خود خوانده

در زیر بالهای وی، در زیر بالهای وی
کِه تواند جدایم کند از محبت وی
در زیر بالهای وی کنم استراحت
در آسایش و امنیت، در طراوت

در زیر بالهای او، پناهم در غم و اندوه
کنم سَر شامگاه، بالهای وی مرا آرامگاه
دنیا ندارد این چنین وفا
در کنار او دارم صفا و شفا

در زیر بالهایش بَرَم لذت، کجا یابم این چنین نعمت؟
در آنجا شوم پنهان، تا بگذرند همه دردهای جهان
نباشدم بیم ز دشمن، چون او باشد مرا مأمن
چون آفتاب زندگی‌ام نتابد، در نور او ساکن شوم تا ابد.

## روز پنجم: خویشِ نزدیک - رهاننده

روت ۲ : ۱۸-۲۳ را بخوانید.

آخرین چیزی که تا به اینجا از نعومی دیده‌ایم، رنجش او از خدا و تلخی او نسبت به جریانات زندگی‌اش بوده است.

آیه‌های ۱۹-۲۰ را بخوانید. در رفتار نعومی چه تغییری می‌بینید؟ چه عاملی باعث این تغییر شد ؟

در فصل‌های ۱ و ۲ کتاب روت، نعومی خود را چگونه توصیف می‌کند؟

| روت ۱ : ۱۳ و ۲۰-۲۱ | روت ۲ : ۲۰ |
|---|---|
| | |

تفاوت در چیست؟

واژهٔ «احسان» یا «محبت» که نعومی آن را در ۲ : ۲۰ به کار می‌برد، در عبری «خِسِد» (*kheh'-sed*) می‌باشد که به معنی محبت وفادارانه و عهد نگاه‌دارندهٔ خداست. نعومی با دیدن اینکه چگونه خدا برای روت کشتزاری برای خوشه چینی و برای هر دو خوراک تدارک دیده است، کاملاً درک کرد که خدا نقشه‌ای برای او کشیده است. اگر چه نعومی اندوه و فقدان عمیقی تجربه کرده بود، اما خدا همچنان محبت و وفاداری خود را به او نشان می‌داد.

نعومی متوجه چه چیز دیگری شد که خدا برای او و روت در حال تدارک دیدن بود؟ (راهنمایی: قسمت دوم آیهٔ ۲۰)

با استفاده از ترجمه‌های مختلف کتاب‌مقدس روت ۲ : ۲۰ را بخوانید. در توصیف بوعز، چه عناوین متفاوتی بکار برده شده است؟

در فرهنگ یهودی رسم بر این بود که هر گاه مردی بدون فرزند می‌مُرد، از میان بستگان او، نزدیک‌ترین مردی که هنوز در قید حیات بود (و ولّیِ رهایی‌دهنده خوانده می‌شد) وظیفه داشت تا با بیوهٔ بازمانده ازدواج کرده، نیازهایش را رفع کند، و با صاحب فرزند شدن از او، هم نام خانوادگی متوفی را حفظ کند و هم از میراث خانوادگی و زمین بازماندهٔ آنها مراقبت و نگهداری به عمل آورد. واژهٔ عبری که برای عبارت «ولّیِ رهایی‌دهنده» استفاده شده است، کلمهٔ «گُ اِل» (*go'el*) است که در اصل به معنی «محافظت کننده» می‌باشد. «گُ اِل» وجه وصفی فعل «گَ اَل» (*ga'al*) به معنی بازخرید کردن، آزاد نمودن، و یا رهانندن است. در پنج کتاب اولِ کتاب‌مقدس (که تورات نامیده می‌شوند) شخص «گُ اِل» به نزدیکترین خویشاوند مرد اطلاق می‌شد که مسئولیت و حقوق شرعی داشت که همچون یک وکیل، از حقوق خویشاوندش که در خطر فقر، تنگدستی، و یا هر نیاز دیگری بود دفاع کرده و او را از آن مخمصه نجات دهد. این خویشاوند نزدیک نیز، ولّیِ رهایی دهنده خوانده می‌شد.

در مقابل هر یک از آیه‌های زیر نقشی را که ولّی رهایی‌دهنده به عهده داشت، بنویسید.

* پیدایش ۳۸ : ۸

* تثنیه ۲۵ : ۵-۱۰

* روت ۳ : ۹-۱۲

«ولّی رهایی‌دهنده» بودن مستلزم داشتن سه خصوصیت زیر بود:

۱. او باید از حق بازخرید کردن برخوردار می‌بود ـ او می‌بایستی خویشاوند نزدیک می‌بود.

۲. او باید از توانایی بازخرید کردن برخوردار می‌بود ـ او می‌بایستی برای بازخرید کردن زمین و املاک پول کافی می‌داشت و یا اینکه بیوه زن را به همسری خود می‌گرفت.

۳. او باید تمایل به بازخرید کردن می‌داشت.

بوعز به عنوانِ ولّیِ رهایی‌دهندۀ نعومی و روت، تصویری از رهانندۀ ما، شخص عیسای مسیح است. با خواندن آیه‌های درج شده در صفحۀ بعد توضیح دهید که چگونه عیسای مسیح با داشتن سه خصوصیت بالا واجد شرایط است تا «ولّیِ رهایی‌دهندۀ» ما باشد.

۱- حقِ ولّی بودن (رهایی بخشیدن) ـ فیلیپیان ۲ : ۷-۸

۲- تواناییِ ولّی بودن (رهایی بخشیدن) ـ اول پطرس ۱ : ۱۸-۱۹

۳- تمایلِ به ولّی بودن (رهایی بخشیدن) ـ تیطس ۲ : ۱۴

در پایان این مطالعهٔ این هفته از مسیح تشکر کنید. فقط و فقط مسیح آن «گُ إل» حقیقی است که جهت بازخرید کردن ما از گناهانمان، حق، توانایی، و تمایل دارد. با استفاده از آیه‌های بالا، او را برای عمل آزادسازی‌اش در زندگیتان تمجید گویید. سپاسگزاری خود را بابت عمل رهایی‌کنندهٔ او در زندگی‌تان با کلمات خود بنویسید.

_____

_____

_____

_____

_____

_____

## آیهٔ حفظی

در طول این هفته بر این آیه تفکر کرده و آن را حفظ کنید.

**دخترم، آرام بنشین تا بدانی**
**که این امر چگونه خواهد شد،**
**زیرا آن مرد**
**تا این کار را امروز تمام نکند،**
**آرام نخواهد گرفت.**

روت ۳ : ۱۸

# هفتهٔ پنجم

## همهٔ آنچه به آن نیاز دارید

**موضوع هفته : شما می‌توانید به عیسای مسیح، که به نفع شما عمل می‌کند، اعتماد کنید.**

یک آموزگار دبستانی تقریباً هر روز به دانش آموزان خُردسال خود می‌گوید: «آرام بنشین و اینقدر تکان نخور.» آرام نشستن، برای این خُردسالان که از انرژی بسیار زیادی برخوردارند، خیلی دشوار است.

«آرام گرفتن» حتی برای ما بزرگسالان نیز می‌تواند دشوار باشد، علی الخصوص وقتی که با شرایط دشوار زندگی دست و پنجه نرم می‌کنیم. ما دست بکار می‌شویم تا کارها را طوری انجام دهیم که به نتیجهٔ دلخواه برسیم. ما از دست بکار نشدن احساس بی مسئولیتی می‌کنیم. در حالی که گاهی اوقات بهترین کاری که می‌توانیم انجام دهیم، این است که صبر کنیم تا ببینیم که چه خواهد شد.

در مطالعهٔ این هفته خواهیم دید که روت در اینچنین شرایطی قرار داشت. او از دستورالعمل نعومی اطاعت کرد و آنچه را که می‌بایستی بکند، انجام داد. سپس بوعز از او خواست که یک کار دیگر هم انجام دهد؛ یعنی صبر کُنَد. روت در واقع، از یک لحاظ می‌باید به شخص دیگری اعتماد می‌کرد تا او آنچه را درست است انجام دهد ... و از سوی دیگر، باید با شکیبایی صبر می‌کرد تا نتیجهٔ کار را ببیند. باشد که مطالعهٔ این هفته به ما بیاموزد که ما نیز مانند روت عمل کنیم.

**روز اول:** نیازمندی ما را واجد شرایط می‌سازد

روت ۳ : ۱-۹ را بخوانید.

اولین تأثیری که خواندن متن امروز بر شما نهاد، چه بود؟

_____

_____

شاید این صحنه به نظر ما قدری عجیب باشد. چرا نعومی از روت خواست جایگاه خواب بوعز را پیدا کند و بدون آنکه کسی متوجه شود، آنجا در زیر پایهایش بخوابد؟ آیا نعومی به روت پیشنهاد می‌داد که بوعز را از لحاظ جنسی تحریک کند؟

الاهی‌دانان و مفسرین کتاب‌مقدس دربارۀ انگیزۀ نعومی در این نقشه توافق نظر ندارند. برخی از آنها بر این باورند که این عمل مربوط به رسم و رسومات آن زمان می‌باشد که امروزه نیز در فرهنگ عرب برخی کشورها معمول است. سایرین معتقدند که نعومی در این زمینه اقدامی مدبّرانه و به موقع از خود نشان داد. از لحاظ زمانی، از یکطرف به زودی فصل درو به پایان می‌رسید و زمانِ جشن گرفتن در راه بود ... و از طرف دیگر، بوعز خورده و نوشیده و دلش شاد شده بود. به هر حال، علیرغم هر انگیزه‌ای که نعومی می‌توانست داشته باشد، خدا در نقشۀ نجات بخشِ خویش، این جریانات را بکار گرفت.

نعومی از روت انتظار دارد تا با انجام چهار مورد خاص خود را برای ملاقات با بوعز آماده کند. لیستی از این چهار مورد تهیه کنید.

۱. _____ (آیۀ ۳)

۲. _____ (آیۀ ۳)

۳. _____ (آیۀ ۳)

۴. _____ (آیۀ ۴)

به نظر شما چرا نعومی از روت خواست که این کارها را انجام دهد؟

_____

_____

همانطور که هفتۀ پیش در مورد «ولّیِ رهایی‌دهنده» دیدیم، خدا از داستان روت استفاده می‌کند تا تصویری بزرگتر را نشان دهد، تصویری که ما را کمک می‌کند تا شخصیت خدا و رابطۀ خود را با او بهتر بفهمیم.

روت، با برداشتن قدم‌هایی، خود را آمادۀ ملاقات با بوعز کرد. به نظر شما چگونه هر یک از این قدم‌ها می‌تواند حقیقت عمیق‌تری از رابطۀ ما با مسیح را ترسیم کند؟ در کنار هر یک از این قدم‌ها، آیه‌هایی اضافه شده‌اند تا دید شما را وسیع‌تر کنند. به این آیه‌ها رجوع کنید.

۱.  روت خود را شستشو داد. (دوم قرنتیان ۷ : ۱)

۲.  روت خود را تدهین کرد. (دوم قرنتیان ۱ : ۲۱-۲۲)

۳.  روت لباس خود را عوض کرد. (اشعیا ۶۱ : ۱۰)

۴.  روت زیر پای بوعز دراز کشید و برای آنچه قرار بود در آینده رُخ دهد به او اعتماد کرد. (متی ۱۶ : ۲۴-۲۷)

روت (در روت ۳ : ۵) چه واکنشی نسبت به نعومی نشان داد؟ آن را در زیر بنویسید.

_____

_____

_____

آیه‌های ۶- ۷ را که در زیر نوشته شده‌اند بخوانید. در زیر بخش‌هایی که نشان می‌دهند روت دقیقاً از دستورالعمل نعومی اطاعت کرده بود، خط بکشید.

> «پس به خرمنگاه رفت و مطابق هر آنچه مادر شوهرش به او امر فرموده بود، به عمل آورد. چون بوعز خورد و نوشید و دلش شادمان شد، رفت تا در انتهای پشتهٔ غله بخوابد. آنگاه روت آهسته آمده، پوشش پاهای بوعز را کنار زد و همان جا خوابید.»

حالا آیهٔ ۹ را مرور و به پرسش‌های زیر پاسخ دهید.

> [بوعز] گفت: «تو کیستی؟» روت گفت: «کنیزت روت هستم. بالهای خود را بر کنیزت بگستران، زیرا که تو ولّی هستی.»

- روت چگونه خود را توصیف کرد؟

- روت از بوعز درخواست انجام چه کاری کرد؟

- روت برای درخواست خود چه دلیلی ارائه داد؟

روت می‌توانست تصور کند که به عنوان یک بیوهٔ فقیر، استحقاق ندارد که نزد این مالک ثروتمند برود و اینچنین تقاضایی را از او کند. ولی واقعیت این است که نیازمندی روت، او را برای چنین درخواستی واجد شرایط کرده بود. بله، برای داشتن یک ولّیِ رهایی‌دهنده، شما باید نیازمند و فقر زده باشید! اما اگر شوهر، فرزندان و املاک داشته باشید، شما نیازمند هیچ رهاننده‌ای نیستید.

ما نیز شایستگی نداریم به مسیح خداوند به عنوان رهانندهٔ خود نزدیک شویم. اما نکتهٔ اصلی در همین است که همین عدمِ شایستگی ما را برای دریافت فیض خدا و تدارکات او به عنوان ولّیِ رهایی‌دهندمان واجد شرایط می‌کند. همهٔ ما گناه کرده‌ایم (رومیان ۳ : ۲۳) و دستمزد گناه مرگ و جدایی از خداست (رومیان ۶ : ۲۳). اما در عمق ناشایستگی و بی لیاقتیِ ما، مسیح انتخاب کرد تا گناه ما را بر خود گرفته و ما را آزاد نماید (رومیان ۵ : ۸) تا ما حیات جاودانی داشته باشیم (یوحنا ۳ : ۱۶).

آیا شما نیز به هنگام آوردن احتیاجات خود به پای مسیح، احساس بی‌لیاقتی و ناشایستگی می‌کنید؟ چرا؟ در زیر فهرستی از دلایلِ خود تهیه کنید. سپس با تعمق بر این حقیقت که توانایی ما برای آمدن به حضور مسیح بسته به لیاقت و شایستگی ما ندارد بلکه تماماً بخاطر فیض اوست، بر تک تک آنها یک خط بطلان بکشید. «زیرا به فیض و از راه ایمان نجات یافته‌اید ـ و این از خودتان نیست، بلکه عطای خداست ـ و نه از اعمال، تا هیچ کس نتواند به خود ببالد.» (افسسیان ۲ : ۸-۹)

•

•

•

•

**روز دوم:** «زیرا که تو یک ولّی هستی»

روت ۳ : ۹ را بخوانید.

روت درخواستی از بوعز کرد که در نظر ما که در قرن بیست و یکم زندگی می‌کنیم، بسیار عجیب و غیر معمول است. او از بوعز خواست: «بالهای خود را بر کنیزت بگستران.» آیهٔ روت ۳ : ۹ را از ترجمه‌های مختلفِ کتاب‌مقدس بخوانید. در سایر ترجمه‌ها، چه واژهٔ دیگری معادل کلمهٔ «بالها» بکار گرفته شده است؟

_____

_____

_____

در کدام بخش دیگر از کتاب روت، با چنین زبان مشابهی برمی‌خوریم؟ در آن بخش، این کلمه در چه زمینه‌ای استفاده شده است؟ (راهنمایی: هفته چهارم، روز ۴)

_____

_____

_____

شاید روت از همان کلماتی استفاده می‌کند که بوعز در صحبتش با او بکار برده بود. آیا به نظر شما اینطور است؟ چرا؟

_____

_____

_____

این اصطلاح، در واقع تصویری است از همان کاری که خدا برای آزادسازی و نجات ما انجام می‌دهد. هنگامی که ما همچون گناهکارانی فقیر، به مسیح روی می‌آوریم، در واقع به او می‌گوییم: «من آمده‌ام تا تو ای مسیح، مرا تحت پوشش خود قرار دهی. من اینجا هستم تا تو بالهای خودت را بر من بگسترانی و زندگی آشفته، به هم ریخته، در هم شکسته، و گناهکار مرا به مالکیت خود درآوری.»

حزقیال ۱۶ بیان می‌کند که خدا قوم اسرائیل را تحت پوشش بالهای خود قرار می‌دهد. در حین خواندن حزقیال ۱۶، اگر بین این آیه‌ها و متنی که امروز مطالعه کرده‌اید کلمه یا عبارت مشابهی می‌یابید، زیر آن یک خط بکشید.

> «و دیگر بار از نزدیک تو گذر کردم، و چون بر تو نگریستم، دیدم که اینک به سن عشق رسیده‌ای. پس دامن ردایم را بر تو گستردم و عریانی‌ات را پوشاندم، و برای تو سوگند خوردم و با تو عهد بستم و از آنِ من شدی؛ این است فرمودهٔ خداوندگارْ یهوه. تو را به آب شُستم و خون از پیکرت زُدودم و به روغن تدهینت کردم. بر تو لباس گلدوزی شده پوشانیدم و پاپوش‌های چرمین به پایت کردم. تو را به کتانِ نفیس پیچیدم و به ابریشم پیراستم. به زیورها زینتت دادم و دستبندها بر دستانت و گردنبندی بر گردنت نهادم. بر بینی‌ات حلقه و بر گوشهایت گوشواره‌ها و بر سرت تاجی زیبا نهادم. پس، به طلا و نقره آراسته شدی. جامه‌ات از کتان نفیس و ابریشم و پارچهٔ گلدوزی شده بود و خوراکت از آردِ مرغوب و عسل و روغن. پس بی‌نهایت زیبا شده، به درجهٔ ملوکانه ممتاز گشتی. آوازهٔ تو به سبب زیبایی‌ات در میان قومها پخش شد، زیرا خداوندگارْ یهوه می‌فرماید که آن زیبایی به سبب فرّ و شکوهِ من که آن را بر تو نهادم، کامل بود.» (آیه‌های ۸-۱۴)

حالا دوباره به متن بالا برگردید، و به دور کلمات سمبولیک موجود در این متن یک دایره بکشید.

چرا اسرائیل به محافظت خداوند نیاز داشت؟

خـدا قـول داده بـود کـه بـا اسـرائیل یـک عهـد (توافق‌نامـه) ببنـدد. در قبـالِ ایـن عهـد، اسـراییلیان چـه وظیفـه‌ای بـر عهـده داشـتند؟

وفا کردن به تعهد، چه منافعی را نصیب اسراییل کرد؟

بـا مراجعـه بـه حزقیـال ۱۶ : ۸-۱۴ یـک فهرسـت از مـواردی تهیـه کنیـد کـه خـدا بـرای قـوم اسـرائیل انجـام داده بـود. مـوارد ایـن فهرسـت را بـا نجاتـی کـه مـا در مسـیح یافته‌ایـم مقایسـه کنیـد. بـا اسـتفاده از آیه‌هـای ارجاعـی زیـر توضیـح دهیـد کـه مسـیح چگونـه عملـی مشـابه بـرای مـا انجـام داده اسـت.

«دامن ردایم بر تو گستراندیم و عریانیت را پوشانیدم.»

- **اشعیا ۶۱ : ۱۰**

«برای تو سوگند خوردم و با تو عهد بستم.»

- **رومیان ۱۱ : ۲۷**

«تو را با آب شُستم و خون از پیکرت زدودم و به روغن تدهینت کردم.»

- اول یوحنا ۱ : ۷ و ۹

«به طلا و نقره آراسته شدی. جامه‌ات از کتانِ نفیس و ابریشم و پارچهٔ گلدوزی شده بود.»

- مکاشفه ۱۹ : ۸

«خوراکت از آردِ مرغوب و عسل و روغن [بود].»

- مزمور ۱۰۳ : ۵

کدامیک از تصاویر موجود در حزقیال ۱۶ برای شما مفهوم خاص‌تری به همراه دارد؟ چرا؟

_____

_____

_____

روی آوردن ما به مسیح مانند رفتن روت به نزد بوعز است: یعنی نیازمندانی که قادر به نجات خود نیستند. با آمدن به سوی مسیح، ما خود را محتاج رحمت او دیده و از او می‌طلبیم تا ما را تحت پوشش فیض خود قرار دهد.

بر حزقیال ۱۶ : ۸- ۱۴ تعمـق کنیـد. ایـن بخـش را بـه عنـوان سـمبلی از نجـات خـود در مسـیح در نظـر بگیریـد. سـپس بـا اسـتفاده از ایـن تعاریـف، داسـتان نجـات خـود را شـرح دهیـد. خـدا چگونـه و در کجـا «شـما را یافـت»؟ او چگونـه خـود و نقشـهٔ نجاتـش را بـر شـما آشـکار کـرد؟ او چگونـه زندگـی شـما را تبدیـل بخشـیده و تقدیـس نمـود؟

_____

_____

_____

_____


## روز سوم: یک پاسخِ مهربان


روت ۳ : ۱۰-۱۴ را بخوانید.


تصـور کنیـد کـه شـما روت هسـتید و بـا امانـت دسـتورالعمل‌های مـادر شـوهر خـود را قـدم بـه قـدم اجـرا می‌کنیـد. و حـالا کـه بـه نزدیکـی خرمنـگاه رسـیده‌اید و بـه زودی بـا بوعـز روبـرو خواهیـد شـد، چـه احساسـی داریـد؟ احساسـات خـود را در زیـر شـرح دهیـد.

_____

_____

_____

_____

_____

_____

اکنون فرض کنید که بوعز هستید. با دیدن روت [که مدتی را شب هنگام نزد پاهای شما خوابیده بود] چه احساسی به شما دست می‌دهد؟ احساسات خود را در زیر شرح دهید.

_____

_____

_____

_____

_____

ما اکنون، هزارها سال بعد از این واقعه، از آخرِ داستان مطلع هستیم. اما روت نمی‌دانست که عاقبت این کار به کجا خواهد انجامید. بطور قطع، اطاعت از دستورالعمل نعومی، ممکن بود برای او بسیار پُر مُخاطره باشد.

آیا این داستان ممکن بود طور دیگری خاتمه یابد؟ چگونه؟

_____

_____

_____

_____

اطاعت روت از نعومی، نشانگر اعتماد و توکل او بر چه کسی بود؟ فهرستی از نامهای افرادی تهیه کنید که اعتماد بر آنها، روت را کمک می‌کرد تا چنین قدم شجاعانه‌ای بردارد.

_____

_____

_____

با بررسی آیه‌های ۱۰-۱۱ واکنش بوعز نسبت به روت را دقیق‌تر مطالعه کنید. پس از خواندن این آیه‌ها، به تصویر زیر مراجعه کنید و دور هر واژه‌ای که بیانگر واکنش بوعز نسبت به روت است، دایره بکشید.

> «بوعـز گفـت: دختـرم، خداونـد تـو را برکـت دهـد! ایـن محبـتِ آخـرِ تـو از نخسـتین بهتـر اسـت، چـرا کـه از پـیِ مـردانِ جـوان، چـه فقیـر و چـه غنـی نرفتـی. پـس اکنـون، ای دختـرم، تـرسـان مبـاش. هر آنچـه گفتـی برایـت خواهـم کـرد؛ زیـرا همـهٔ همشـهریان مـن می‌داننـد کـه تـو زنـی شایسـته‌ای.»

خوشحالی   آزردگی
قوت قلب دادن
شگفت زدگی   تُندخویی
خُرسندی   عصبانی
تأئید کردن با خوشحالی

آیه‌هـای زیـر را بخوانیـد. هـر یـک از ایـن آیه‌هـا، در مـورد اینکـه مسـیح چگونـه می‌خواهـد مـا بـا درخواسـت‌های خـود بـه حضـور او برویـم، چـه می‌گویـد؟

متی ۷ : ۷

فیلیپیان ۴ : ۶-۷

عبرانیان ۴ : ۱۶

اول یوحنا ۵ : ۱۴-۱۵

چگونه نقطه نظر بوعز نسبت به روت، تصویری از قلب مسیح را نسبت به ما ترسیم می‌کند؟

_____

_____

_____

روت ۳ : ۱۱ را بخوانید. بوعز چگونه نیک‌نامی روت را توصیف می‌کند؟

_____

_____

_____

ترجمهٔ کتاب‌مقدسی کـه شـما در دسـت داریـد، روت را در ۳ : ۱۱ «زنـی شایسته»، «زن نیکو»، «زن خـوب» و یـا «زن نجیب» می‌نامـد. واژهٔ عبـری آن در طـول کتاب‌مقدس، فقـط در دو مـورد دیگـر استفاده شـده اسـت؛ یکـی در امثـال ۱۲ : ۴ و دیگـری در سلیمان ۳۱ : ۱۰.

آیا در اطراف خـود زنـی را می‌شناسـید کـه بتوانیـد او را «زن شایسته» بنامیـد؟ کـدام خصوصیـت او، بیـش از هـر چیـز دیگـر، بـرای شـما قابل تحسـین اسـت؟

_____

_____

_____

بوعز قلباً مایـل بـود کـه ولّـیِ رهائـی دهنـدهٔ روت باشـد، امـا در ایـن بیـن، موضـوع دیگـری در میـان بـود کـه روت از آن خبـر نداشـت. در آیـهٔ ۱۲، بوعـز روت را از وجـود خویشـاوند نزدیک‌تـری مطلـع می‌کنـد؛ شخصـی کـه بـرای آزادسـازی حقـوق روت از لحـاظ شـرعی در اولویت قـرار داشـت. پـس، پیـش از هـر گونـه اقدامـی، بوعـز می‌بایسـتی بـا او وارد گفتگـو شـود.

به نظر شما شنیدن این خبر چه احساساتی می‌توانست در روت پدید آورد؟

_____

_____

_____

بوعز در ادامه به روت می‌گوید چه‌ها بکند. زیر کلماتی که نشانگر سفارشات بوعز به روت است، خط بکشید.

> «امشب اینجا بمان، و بامدادان اگر او حق ولّی را به تو ادا کرد، چه خوب، بگذار ادا کند. اما اگر نخواست ادا کند، آنگاه به حیات خداوند سوگند که من آن را ادا خواهم کرد. اکنون تا صبح همین جا بخواب.»
>
> پس روت تا صبح نزد پاهای او خوابید، اما پیش از آنکه کسی قادر به تشخیص دیگری باشد برخاست، زیرا بوعز گفت: کسی نفهمد زنی به خرمنگاه آمده است.» (آیه‌های ۱۳-۱۴)

شرایط روت تغییر نکرده بود. او همچنان بیوه زنی فقیر بود که آیندهٔ خود را در گرو مهربانی مردی می‌دید که به ندرت او را می‌شناخت. کلام بوعز تنها چیزی بود که روت در دست داشت. بوعز وعدهٔ ساده‌ای به روت داده بود: «من به این موضوع رسیدگی خواهم کرد تا در نهایت املاک خانوادگی تو بازخرید شوند.» به نظر می‌رسد که کلام بوعز برای روت کافی بود زیرا او با آرامش دراز می‌کشد و تا صبح می‌خوابد.

شاید اگر روت شبیه خیلی از ماها که این کلمات را می‌خوانیم بود، او هم تمام شب را تا صبح با ترس و شک خود دست و پنجه نرم می‌کرد. شاید هم به کرّات حساب می‌کرد که چقدر طول خواهد کشید تا بتواند لطف و مهربانی بوعز را جبران کند. در چنین حالتی، شگفت‌زدگی او به بی‌ایمانی منتج می‌شد. شاید هم، چون در نهایت او مدیون بوعز می‌بود، از او رنجش به دل راه می‌داد ... و فکرهای بسیارِ دیگر!

اما از آنجا که بوعز را نیز قدری می‌شناسیم، ما می‌دانیم که داستان بهتر از اینهاست. به همان اندازه که روت زنی فقیر و نیازمند بود، بوعز مردی ثروتمند و گشاده دست بود. او مردی خداترس و امین بود. از آنجا که او قابل اعتماد بود، پس کلامش نیکو و صحیح بود. وعده‌هایی که خدا به فرزندانش داده است بس عالی‌تر از همهٔ وعده‌هایی است که بوعز می‌توانست به روت بدهد. او به ما وعدهٔ زندگی جاودانی داده است (یوحنا ۳ : ۱۶). او ما را

به هـر برکـت روحانـی در جایهای آسـمانی مبـارک سـاخته اسـت (افسسـیان ۱ : ۳). او میـراث ابـدی مـا را تضمیـن کـرده اسـت (افسسـیان ۱ : ۱۳-۱۴). ایـن وعده‌هـا بـرای آرامـشِ جـان مـا، بیـش از انـدازه کافـی هسـتند.

شـما در حـال حاضـر، در زندگـی خـود بـه چـه چیـزی نیـاز داریـد؟ آیـا ایـن نیـاز را در دعـا بـه حضـور خداونـد آورده‌ایـد؟ آیـا دل خـود را در حضـور او گشـوده‌ایـد؟ و آیـا بـه او اطمینـان داریـد کـه بـا لطـف و مهربانـی بـه شـما پاسـخ خواهـد داد؟

_____

_____

_____

_____

_____

## روز چهارم: در کمال رضایت

روت ۳ : ۱۵-۱۷ را بخوانید.

در حالـی کـه روت آمـاده می‌شـد تـا خرمنگاه را تـرک کنـد، بوعـز پیشکشـی بـه او داد؟ در آیـۀ زیـر، آن هدیـه را بـا کشـیدن یـک خـط مشـخص کنیـد.

> «او همچنیـن گفـت: چارقـدی را کـه بـر توسـت، بیـاور و بـر دسـتانت بگیـر. پـس روت چارقـدِ خـود را بـه دسـت گرفـت و او شـش پیمانـه جـو پیمـود و بـروی نهـاد.» (آیـۀ ۱۵)

بوعـز بـا بـرآورده نمـودنِ نیازهـای روت و نعومـی، مجـدداً فیـض و گشـاده دسـتی خـود را نشـان داد. ایـن هدیـه را می‌تـوان ودیعـه‌ای از همـۀ چیزهـای نیکویـی دانسـت کـه بوعـز قصـد داشـت در آینـده بـه روت عطـا کنـد.

آیه‌های زیر را در کتاب روت بیابید و آنها را با خط خود بنویسید.

| روت ۱ : ۲۱ | روت ۳ : ۱۷ |
| --- | --- |
| | |

بین این دو آیه چه نکات مشابهی می‌یابید؟ چه تفاوت‌هایی مشاهده می‌کنید؟

ما غالباً برای رسیدن به رضایت درونی و پُر کردن قسمتهای خالی زندگی خود، به شخصی یا به چیزی پناه می‌بریم. که البته شاید برای مدت کوتاهی احساس رضایت کنیم. اما متاسفانه این احساس بسیار موقتی و زودگذر است. با این وجود، از پناه بردن واهی به خوراک، دوستی‌ها، شغل، و چیزهای دیگر دست بردار نیستیم. و از آنجا که هیچیک نمی‌تواند به زندگیمان معنا ببخشد، مثل کسی هستیم که به دور خود می‌چرخد و به جایی نمی‌رسد.

شما هر چند وقت یکبار، برای کسب رضایت درونی خود، پیش از هر چیز دیگر به مسیح پناه می‌برید؟ با استفاده از مقیاس زیر به این پرسش پاسخ دهید.

| هرگز | | | گاهی اوقات | | | | | همیشه | |
| --- | --- | --- | --- | --- | --- | --- | --- | --- | --- |
| ۱ | ۲ | ۳ | ۴ | ۵ | ۶ | ۷ | ۸ | ۹ | ۱۰ |

به نظـر شـما چـرا مـا تمایـل داریـم جاهـای خالـی زندگـی خـود را بـا چیـزی بـه غیـر از خـدا پُـر کنیـم؟ بـه برخـی از ایـن دلایـل اشـاره کنیـد.

_____

_____

_____

_____

یوحنـا ۱۰ : ۱۰ را کـه در زیـر نوشـته شـده اسـت، بخوانیـد. اطـراف آن نـوع زندگـی کـه عیسـای مسـیح مـا را بـه داشـتنش ترغیـب می‌کنـد دایـره بکشـید.

| «مـن آمده‌ام تا ایشان حیات داشته باشند و از آن به فراوانی بهره‌مند شوند.»

ایـن آیـه را در سـایر ترجمه‌هـای کتاب‌مقـدس پیـدا کنیـد. در ترجمه‌هـای مختلـف بـه جـای «فراوانـی» از چـه کلماتـی اسـتفاده شـده اسـت؟

_____

_____

شما داشتن حیات فراوان را چگونه توصیف می‌کنید؟

_____

_____

حـالا آیه‌هـای زیـر را بخوانیـد. کلامِ خـدا «حیـاتِ فـراوان» را چگونـه تشـریح می‌کنـد؟ زیـرِ چنیـن توضیحـی یـک خـط بکشـید.

| «تـو راه حیـات را بـه مـن خواهـی آموخـت؛ در حضـور تـو کمـال شـادی اسـت، و بـه دسـت راسـت تـو لذتهـا تـا ابدالآبـاد.» (مزمـور ۱۶ : ۱۱)

# عیسی «من هستمِ» عظیم است

در عهد عتیق، خدا خود را به اسم «من هستم» به موسی شناساند (خروج ۳ : ۱۴). در [گرامر] زبان عبری، «من هستم» یک فعل است که به معنی «بودن» و یا «وجود داشتن» می‌باشد. با این اسم، خدا خودش را واجب الوجود (هستی‌اش به خودش وابسته است) معرفی می‌کند؛ شخصیتی خودکفا که بر هیچ چیزی (به غیر از خود) متکی نیست. او وابسته به هیچ چیز و هیچ کس نیست. او در ذاتِ خود، نه تغییرپذیر است و نه می‌توان باعث تغییر او شد. او خدایی است که هیچ چیز خارج از دانش و قصد او رُخ نمی‌دهد. او دیروز، امروز، و تا ابدالآباد همان است.

هنگامی که عیسای مسیح در جسم به این جهان آمد، او ادعایی بسیار شگفت‌آور نمود. او گفت که همانِ «منْ هستمِ» عهد عتیق است. این ادعا باعث خشم یهودیان شد چرا که آنان به خوبی فهمیدند که منظور عیسی این بود که او همان یهوه، «منْ هستمِ» عظیمی است که اسم خود را به موسی شناسانده بود.

«و اما من، در پارسایی، رویِ تو را نظاره خواهم کرد؛ و چون بیدار شوم، از دیدنِ شباهت تو سیر خواهم شد.» (مزمور ۱۷ : ۱۵)

«مسکینان غذا خورده سیر خواهند شد؛ و جویندگانِ خداوند او را خواهند سُتود. دل‌های شما تا ابد زنده بماند!» (مزمور ۲۲ : ۲۶)

«از پُریِ او ما همه بهره‌مند شدیم، فیض از پیِ فیض.» (یوحنا ۱ : ۱۶)

از دیر زمان، آدمی در تلاش بوده است تا رضایت خود را در هر چیزی، به غیر از خدا، بیابد. زمانی که اسرائیل به خدا پشت کرد، خدا به آنها وعده داد که اگر روی او را بطلبند و به سوی او بازگردند، شادی و پُری حقیقی را خواهند یافت. خدا در اشعیا ۵۵ : ۲-۳ آنها را اینطور ترغیب می‌کند:

«چرا پول خود را صرف چیزی می‌کنید که شما را سیر نمی‌کند؟ و چرا تمام مُزدی را که به خاطر کارتان می‌گیرید صرف می‌کنید، و باز هم گرسنه هستید؟ به من گوش دهید و هر چه می‌گویم انجام دهید، آنگاه از بهترین غذاها لذت خواهید بُرد. ای قومِ من، اکنون به من گوش دهید و نزد من

بیایید، بیایید نزد من تا حیات یابید! با شما پیمانی ابدی می‌بندم، و برکاتی را که به داوود قول داده بودم، به شما خواهم داد.» (ترجمهٔ مژده)

بر اساس اشعیا ۵۵ : ۲-۳، برای دستیابی به حیات فراوانی که خدا می‌خواهد در زندگی ما جاری سازد، ما چه باید بکنیم؟

---

---

---

به طریق مشابهی، عیسی نیز برای اشاره به تجربهٔ پُری زندگی شخصی که به نزد مسیح آمده است، از مفهوم «نان» و «خوراک» استفاده می‌کند. در یوحنا ۶ : ۳۵ عیسای مسیح می‌گوید: «من نانِ حیات هستم. هر که نزد من آید، هرگز گرسنه نشود، و هر که به من ایمان آوَرَد، هرگز تشنه نگردد.»

هنگامی که نعومیِ گرسنه، خالی، و ناراضی به بیت لحم بازگشت، او وارد مکانی شده بود که معنای لغوی‌اش «خانهٔ نان» بود. نعومی در بیت لحم، نه تنها برای جسم خود خوراک یافت، بلکه در آنجا بوسیلهٔ ولّیِ رهایی‌دهنده، که تصویری از مسیح نجات دهنده بود، به «نان حیات» نیز دست یافت.

در انجیل یوحنا، عیسی ۲۴ بار می‌گوید «من هستم» که ۷ مورد از آنها به صورت تمثیلی و استعاره بکار گرفته شده‌اند.

عیسی گفت:

- «من نانِ حیات هستم.» (یوحنا ۶ : ۳۵ و ۴۱ و ۴۸ و ۵۱)
- «من نورِ جهان هستم.» (یوحنا ۸ : ۱۲)
- «من درِ گوسفندان هستم.» (یوحنا ۱۰ : ۷ و ۹)
- «من شبانِ نیکو هستم.» (یوحنا ۱۰ : ۱۱ و ۱۴)
- «من قیامت و حیات هستم» (یوحنا ۱۱ : ۲۵)
- «من راه و راستی و حیات هستم.» (یوحنا ۱۴ : ۶)
- «من تاکِ حقیقی هستم.» (یوحنا ۱۵ : ۱ و ۵)

مسیح جانِ خود را فدای ما کرد تا نیازها و کمبودهای ما را رفع کند. آیا در جانِ خود تشنگی دارید؟ عیسی آب حیات است. آیا درون خود حسِ گرسنگی دارید؟ عیسی نان حیات است. آیا سنگینی گناه را احساس می‌کنید؟ عیسی قیامت و حیات است. آیا خود را گمشده می‌بینید؟ عیسی راه است. بله! عیسی مدعی شد که او همهٔ آن چیزی است که تو به آن نیاز داری. او گفت: من هستم آن «من هستمِ» عظیم!

هنگامی که مسیح «نانِ حیات» ما باشد، ما می‌توانیم فراوانی را در موارد زیر تجربه کنیم:

- «______ تا از همهٔ ______» (افسسیان ۳ : ۱۹)
- «و آکنده از ______» (فیلیپیان ۱ : ۱۱)
- «______ تا از ______ پُر شوید.» (کولسیان ۱ : ۹)

در داستان کتاب روت، روزهای خالی و تهیدستی نعومی رو به پایان بود. و این تماماً به خاطر وجودِ شخصی بود که «ولّی» او شد ... مرد بخشنده و رحیمی که از حقوق ولّی بودن برخوردار بود، مایل بود که حق ولّی بودن را ادا کند، و قدرت ولّی بودن را نیز دارا بود. و امروز نیز، لازم نیست زندگی من و شما خالی و بی‌ثمر باشد زیرا عیسای مسیح، ولّی رهانندهٔ ما، مایل و قادر است تا به ما رضایت درونی ببخشد و زندگیمان را از حضور خود لبریز سازد.

آیا شما به همان اندازه که در پی ارضا شدن با چیزهای دیگر در زندگیتان هستید، مسیح را برای تجربهٔ رضایت درونی خود کافی می‌بینید؟ از خدا بطلبید تا قلب شما را تفتیش کند و به شما نشان دهد که داشتن رضایت حقیقی در زندگیتان را در چه چیزهایی می‌بینید. مزمور ۶۳ : ۱-۵ در زیر نوشته شده است. بر این آیه‌ها تعمق کنید. سپس، بر اساس این قسمت از کلام خدا آنچه را که می‌توانید دعا کنید، بنویسید.

> «خدایا، تو خدای من هستی، با تمام وجود تو را می‌جویم؛ جان من تشنهٔ توست، و پیکرم مشتاق تو، در زمین خشک و بی طراوت و بی آب! من در قُدس بر تو نگریسته‌ام و قدرت و جلالت را نظاره‌گر شده‌ام. از آن رو که محبت تو از حیات نیکوتر است، لبهایم تو را خواهد ستود. پس تا زنده‌ام تو را متبارک خواهم خواند، و در نام تو دستهایم را بر خواهم افراشت. جانِ من سیر خواهد شد چنانکه از مغز و چربی [بهترین طعام]، و دهانم با لبهایی شادمان تو را خواهد ستود.»

**روز پنجم:** امیدوار بودن به هنگام انتظار


روت ۳ : ۱۸ را بخوانید.


هنگامی که روت نزد نعومی به خانه بازگشت، نعومی به او گفت که چه کند؟

_____

_____


موقعیتـی را تصـور کنیـد کـه گویـا در همیـن لحظـه بـرای کسـی یـا چیـزی در حـال انتظـار هسـتید.
آیـا انتظـار کشـیدن بـرای دیـدن نتیجـهٔ امـر بـرای شـما کار آسـانی اسـت؟ چـرا بلـه؟ چـرا خیـر؟

_____

_____

_____

احتمــالاً روت آرزو کــرده کــه کار دشــوارِ رفتنــش بــه آن خرمنــگاه، آینــدهٔ قریــب بــه یقینــی را بــه او وعــده دهــد. امــا حــالا از او خواســته می‌شــود کــه صبــر کنــد.

نعومی با چه تضمینی، روت را برای صبر کردن تشویق کرد؟ (۳ : ۱۸)

_____

_____

_____

روت اعتمــاد داشــت کــه بوعــز کار صحیــح را انجــام خواهــد داد. بــر چــه اساســی روت چنیــن اعتمــادی بــه بوعــز داشــت؟

_____

_____

قبــلاً در مطالعــات خــود دیدیــم کــه بوعــز تصویــری از عیســای مســیح، ولّــیِ رهایی‌دهنــدهٔ ماســت. در حینــی کــه آیه‌هــای زیــر را می‌خوانیــد، فهرســتی از کارهایــی تهیــه کنیــد کــه مســیح از طــرف مــا و [در پشــتیبانی از مــا] بــرای مــا انجــام می‌دهــد.

فیلیپیان ۱ : ۶

رومیان ۸ : ۳۴

عبرانیان ۹ : ۲۴

هنگامــی کــه خــدا مــا را بــه انتظــار کشــیدن می‌خوانــد، شــاید ایــن دشــوارترین کاری اســت کــه تقبــل می‌کنیــم. مــا همیشــه می‌خواهیــم کاری انجــام دهیــم! امــا خــدا بــه دفعــات در کلامــش بــه مــا می‌فرمایــد تــا منتظــر او باشــیم، بــر او توکل کنیــم، و آرام بگیریــم. کلام خــدا بــه وضوح بــه مــا تعلیــم می‌دهــد: لازم نیســت رقابــت پــردازی کنیــد، دســت بــه حقه بــازی بزنیــد، نگــران شــوید، و یــا اینکــه ســعی کنیــم از تــه و تــوی قضیــه ســر در آوریــم. بــرای خداونــد انتظــار بکــش و آرام بــاش زیــرا ولّــیِ رهایی‌دهنــدهٔ تــو تــا ایــن کار را امــروز تمــام نکنــد آرام نخواهــد گرفت.

آیه‌هـای زیـر دربـارهٔ انتظـار کشـیدن بـرای خداونـد می‌باشـند. در حیـن مطالعـهٔ آنهـا، دلایلـی را مشـخص کنیـد کـه مـا را قـادر می‌سـازد تـا بـرای آنچـه خـدا می‌خواهـد در زندگـی مـا انجـام دهـد، بـرای او انتظـار بکشـیم.

> «امـا آنـان کـه بـرای خداونـد انتظـار می‌کشـند، نیـروی تـازه خواهنـد یافـت و بـا بالهایـی همچـون عقـاب اوج خواهنـد گرفـت؛ خواهنـد دویـد و خسـته نخواهنـد شـد؛ خواهنـد خرامیـد و درمانـده نخواهنـد گردیـد.» (اشـعیا ۴۰ : ۳۱)
>
> «جـانِ مـا منتظـر خداونـد اسـت؛ او اعانـت و سـپر ماسـت. دل مـا در او شـادی می‌کنـد، زیـرا بـر نـام قـدوس او تـوّکل داریـم. خداونـدا، محبـت تـو بـر مـا بـاد، چنـان کـه امیـد مـا بـر توسـت.» (مزمـور ۳۳ : ۲۰-۲۲)
>
> «تنهـا بـرای خـدا، ای جـان مـن، در سـکوت انتظـار بکـش! زیـرا امیـد مـن از جانـب اوسـت! او یگانـه صخـره و نجـات مـن اسـت؛ و دژ بلنـد مـن، پـس جنبـش نخواهـم خـورد. بـر خداسـت نجـات و عـزّت مـن؛ صخـرهٔ نیرومنـد و پنـاه مـن در خداسـت. ای قـوم، همـواره بـر او تـوکل کنیـد، و سـفرهٔ دل خویـش را بـر او بگشـایید؛ زیـرا کـه خـدا پنـاه ماسـت.» (مزمـور ۶۲ : ۵-۸)

در حالـی کـه بـرای خداونـد انتظـار می‌کشـید تـا در زندگـی شـما عمـل کنـد، ایـن آیه‌هـا چگونـه بـه شـما امیـد می‌بخشـند؟

کلمـات سـرودهٔ زیـر می‌توانـد گویـای آن چیـزی باشـد کـه نعومـی بـه روت گفـت. ایـن شـعر را بخوانیـد و دقایقـی را بـه تفکـر در آن اختصـاص دهیـد. سـپس در دعـا خـدا را سـپاس گوییـد کـه او همـواره در حـال عمـل اسـت. از خداونـد بطلبیـد تـا انتظـار کشـیدن بـرای او، و اطمینـان داشـتن بـه اینکـه او اراده و نقشـه‌های خـود را در زندگـی شـما بـه کمـال خواهـد رسـانید را بـه شـما تعلیـم دهـد. دعـای خـود را بنویسـید.

دخترم بنشین آرام ، بنشین آرام ... خدایِ خدایان دهد این پیغام
تا ننماید این کار تمام ... ولّیِ تو نگیرد آرام
کُن جانت ساکت و خاموش ... او هرگز نکند تو را فراموش
ترس و شک ز دل بزدا ... نگرانی؟! مبادا! او می‌داند چه کند؛ اوست خدا
دخترم آرام بنشین، من آن تخت نشین ...
در وعده‌ام مانم امین، قول داده‌ام اینچنین

## آیهٔ حفظی

در طول این هفته بر این آیه تفکر کرده و آن را حفظ کنید.

**متبارک باد خداوندی**

**که امروز تو را بدون ولّی**

**نگذاشته است.**

**باشد که نام او در اسرائیل**

**پُر آوازه شود.**

روت ۴ : ۱۴

# هفتهٔ ششم

## زندگیِ بازیافت شده

**موضوع هفته : عیسی قادر است زندگی ما را شفا داده و بازیافت کند.**

با خواندن آخرین صفحه یک کتاب و یا دیدن آخرین صحنهٔ یک فیلم، هیچ چیز نمی‌تواند بیش از یک پایان خوش ما را خشنود کند. غالبا آرزو می‌کنیم که شخصیت‌های اصلی به برتری برسند، عدالت اجرا شود، و قهرمانان ما در مسیر بی‌وقفهٔ پیروزی پیش تازی کنند.

خدا در نوشتن داستان‌هایی که پایانی خوش دارند تخصص ویژه‌ای دارد. اول قرنتیان ۲ : ۹ وعده می‌دهد: «آنچه را هیچ چشمی ندیده، هیچ گوشی نشنیده، و به هیچ اندیشه‌ای نرسیده، خدا برای دوستداران خود مهیا کرده است.» هیچ چیز و هیچکس هرگز نمی‌تواند با آنچه خدا برای فرزندان خود تدارک دیده است برابری کند. حتی زمانی که زندگی بسیار دشوار است، امیدی درخشان و ابدیتی تضمین شده پیش روی خود داریم. حضور خود خدا نصیب و قسمت هر یک از فرزندان اوست.

ظاهراً بخش اول داستان روت پُر از سختی‌ها و مشکلات بود. آیا این مورد در رابطه با داستان زندگی هر یک از ما مصداق نمی‌کند؟ هر چند که در گناه زاده شده‌ایم، اگر چه از بدو تولد دشمنان خدا بوده‌ایم، و علیرغم اینکه از خدا جدا شده بودیم ... اما فیض خدا راهی مهیا می‌کند تا از آن طریق داستان زندگی ما نیز با پایانی خوش خاتمه یابد. این کار برای روت اتفاق افتاد. برای ما نیز اتفاق خواهد افتاد. پس دربارهٔ آن پایان خوشی که خدا برای ما در نظر گرفته است، نباید امید خود را از دست دهیم.

## روز اول: انجامِ کارِ درست

روت ۴ : ۱-۶ را بخوانید.

در مطالعهٔ هفتهٔ گذشته به جایی از داستان رسیدیم که روت منتظر است ببیند بوعز چه خواهد کرد. روت اصلاً نمی‌دانست که عواقب کار چه خواهد شد، اما اعتمادش را بر بوعز نهاده بود. روت اعتماد داشت که بوعز کار درست را انجام خواهد داد.

چند آیهٔ اول فصل چهارم روت را بخوانید. آنچه را که بوعز انجام می‌دهد در چند جمله خلاصه کنید.

در فصل سوم روت، بوعز تمایل خود را به ازدواج با روت ابراز کرده بود. پس چرا او تصمیم میگیرد تا خویشاوند نزدیکتر را ملاقات کند؟

بوعز تصمیم می‌گیرد تا برای صحبت با خویشاوند نزدیکتر روت به دروازه شهر برود. این موضوع از چه اهمیتی برخوردار است؟

بوعز این وضعیت را چگونه تشریح می‌کند؟ (آیه‌های ۳ و ۵)

در ابتـدا آن مـرد می‌پذیـرد کـه زمیـن را خریـداری کنـد، امـا پـس از چنـد لحظـه تغییـر عقیـده می‌دهـد. چـرا؟ (آیه‌هـای ۵-۶)

_____

_____

جریـان بـه جهتـی سـوق پیـدا می‌کنـد کـه بوعـز در آرزویـش بـود. امـا بایـد بپذیریـم کـه امکان داشـت آن مـرد قبـول کنـد و روت را بـه زنـی خـود بگیـرد. زندگـی خـود را مـرور کنیـد و ببینیـد آیا شـما هـم در موقعیتـی بوده‌ایـد کـه می‌دانسـتید کار درسـت چیسـت، امـا نمی‌توانسـتید انکار کنیـد کـه ممکـن بـود نتیجـه بـر خـلاف حـدس شـما از آب درآیـد؟ در چنیـن موقعیتـی چـه واکنشـی نشـان دادیـد؟

_____

_____

چه نتیجه‌ای حاصل شد؟

_____

_____

این مورد، بر سایر تصمیمات شما در آینده، چه تاثیری گذاشته است؟

_____

_____

مـا بـه طـور روزانـه، صدهـا تصمیـم می‌گیریـم. البتـه اغلبِ آنهـا تصمیماتـی جزئـی هسـتند. مثـلاً امـروز چـه بایـد بپوشـم؟ بـرای شـام چـه غذایـی تهیـه کنـم؟ بـه کـدام ایمیـل اول بایـد پاسـخ بدهـم؟ امـا موضـوع مهـم ایـن اسـت کـه تصمیمـات شـما چـه کوچـک باشـند و چـه بـزرگ، تصمیمـی کـه می‌گیریـد حائـز اهمیـت اسـت.

آیه‌هـای زیـر، دربـارۀ دیـدگاه خـدا نسـبت بـه انجـام کار درسـت، چـه می‌گوینـد؟ هـر آیـه را بـا کلمـات خـود خلاصـه کنیـد.

> «آنکـه در صداقـت گام بـر مـی‌دارد، در راهِ بی‌خطـر اسـت. امـا آنکـه بـه راهِ کـج مـی‌رود، رسـوا خواهـد شـد.» (امثـال ۱۰ : ۹)
>
> «بنابرایـن، هـر کـه بدانـد چـه کاری درسـت اسـت و آن را انجـام ندهـد، گنـاه کـرده اسـت.» (یعقـوب ۴ : ۱۷)
>
> «فریـب نخوریـد: خـدا را اسـتهزا نتـوان کـرد. انسـان هـر چـه بـکارَد، همـان را خواهـد دِرَویـد. کسـی کـه بـرای نَفْسِ خـود مـی‌کارد، از نفـس تباهـی درو خواهـد کـرد؛ امـا کسـی کـه بـرای روح مـی‌کارد، از روحْ حیـات جاویـدان خواهـد دروید. لـذا از انجـام کار نیـک خسـته نشـویم، زیـرا اگـر دسـت از کار برنداریـم، در زمـان مناسـب محصـول را درو خواهیـم کـرد. پـس تـا فرصـت داریـم، بـه همـه نیکـی کنیـم، بـه ویـژه بـه اهـلِ بیـتِ ایمـان.» (غلاطیـان ۶ : ۷-۱۰)

آیا شما این اصول را در تصمیم گیری روزانۀ خود اجرا می‌کنید؟ چرا بله؟ چرا خیر؟

دانیـال، یکـی از شـخصیت‌های کتاب‌مقدسـی اسـت کـه در رویارویـی بـا شـرایط دشـوار، تصمیـم گرفـت کار درسـت را انجـام دهـد. بـا خوانـدن آیه‌هـای زیـر، وقایـع زندگـی دانیـال را مشـخص کنیـد.

| چه اتفاقی افتاد؟ | داستان زندگی دانیال |
|---|---|
| | مشکل (دانیال ۶ : ۶-۹) |
| | واکنش دانیال (دانیال ۶ : ۱۰) |
| | نتیجهٔ آنی (دانیال ۶ : ۱۶-۱۷) |
| | نتیجهٔ نهایی (دانیال ۶ : ۲۱-۲۸) |

چه چیزی دانیال را وا داشت که حتی در رویارویی با خطر کشته شدن، به دعا کردن ادامه دهد؟

_____

_____

_____

نمونهٔ دانیال چگونه می‌تواند امروز باعث تشویق ما بشود؟

_____

_____

_____

شـخصیت دیگـری در کتاب‌مقـدس وجـود دارد ـ یعنـی عیسـای مسـیح ـ کـه عالی‌ترین نمونـهٔ «انجـام کار درسـت» اسـت. بـه کارهـای درسـتی کـه مسـیح انجـام داد (مثـال: اطاعـت از ارادهٔ پـدر) بیندیشید ... حتـی کارهایـی کـه انجـام آنهـا از دیـد انسـانی می‌توانسـت «دشـوار» بـوده باشـد. در زیـر، فهرسـتی از تعـدادی از ایـن کارهـای مسـیح تهیـه کنیـد.

---
---

مـا در اناجیـل، بـه دفعـات عیسـای مسـیح را در حـال شـفای مـردم، بخشـش گناهـان، و نشسـت و برخاسـت بـا «گناه‌کاران» می‌بینیـم. و ایـن در حالـی بـود کـه او بطـور مرتـب مـورد انتقـاد و مخالفـت رهبـران مذهبـی قـرار می‌گرفـت ... بطـوری کـه ایـن موضـوع بـه محاکمـه کـردن و در نهایـت بـه مصلـوب نمـودن او انجامیـد. امـا نکتـه قابـل توجـه ایـن اسـت کـه مسـیح همچنـان بـه انجـام دادن آنچـه درسـت بـود ادامـه داد زیـرا چنانکـه خـود فرمـود: «نیامـده‌ام تـا بـه خواسـت خود عمـل کنـم، بلکـه تـا ارادهٔ فرسـتندهٔ خویـش را بـه انجـام رسـانم.» (یوحنـا ۶ : ۳۸)

متـی ۲۶ : ۳۹ را در زیـر بنویسید.

---
---

حتـی زمانـی کـه بسـیار دشـوار بـود، عیسـی کار درسـت را انجـام می‌داد. چگونـه ایـن آیـه نشـان می‌دهـد کـه انجـام دادن کار درسـت توسـط عیسـای مسـیح بـه اوج خـود رسـیده بـود؟

---
---

«نـه بـه خواسـتِ مـن، بلکـه بـه ارادهٔ تـو.» مسـیح در رویارویـی بـا دردی مشـقت‌بار، حمـل گنـاه جهانیـان بـر خـود، و جدایـی از خـدا بـرای لحظاتـی، اطاعـت از پـدرش را انتخـاب کـرد. او تصمیـم گرفـت کـه «بـه خاطـر آن خوشـی کـه پیـش رو داشـت» (عبرانیـان ۱۲ : ۲) بـر روی صلیـب بمیـرد. مسـیح ایـن تصمیـم دشـوار را اتخـاذ کـرد چـون از نتیجـه نهایـی آن، کـه نجـات مـا از هلاکـت ابـدی بـود، کامـلاً آگاهـی داشـت.

در انتخاب‌هایی که بوعز، دانیال، و مسیح کردند، چه نکتهٔ مشترکی وجود دارد؟

_____

_____

بـر اسـاس آنچـه در کتـاب روت می‌خوانیـم، بوعـز خبـر نداشـت کـه تصمیـم او چـه اثـری بـر آینـدهٔ نزدیـک و یـا بـر نسـل‌های بعـدی خواهـد گذاشـت. تنهـا چیـزی کـه او می‌دانسـت ایـن بـود کـه انجـام دادن چـه کاری درسـت بـود، و اینکـه او تصمیـم گرفـت آن را انجـام دهـد.

در موقعیت‌هایـی کـه شـما بـا آنهـا مواجـه می‌شـوید، چـه چیـزی انجـام کارهـای درسـت را بـرای شـخص شـما دشـوار می‌کنـد؟

_____

_____

دعا کنیـد تـا خـدا شـما را در تشـخیص تصمیمـات درسـتی کـه امـروز بایـد اتخـاذ کنیـد، یـاری کنـد. از او بخواهیـد تـا بـه شـما شـهامت و حکمـت لازم بـرای انجـام کار درسـت را (حتـی اگـر انجـام آن دشـوار باشـد) عطـا کنـد.

## روز دوم: تحت مالکیت جدید

روت ۴ : ۷-۱۰ را بخوانید.

بوعـز بـرای تکمیـل رهایـی نعومـی و روت، بـر اسـاس سـنت مخصـوص آن زمـان، اقـدام بـه انجـام آئینـی کـرد کـه موضـوع بازخریـد را رسـمی می‌نمـود.

فهرستی از مراحل مختلف این رسم تهیه کنید.

_____

_____

تثنیه ۲۵ : ۵ -۱۰ را بخوانید. در این متن، کَندن کفش نشانهٔ چه چیزی بود؟

انجام این آئین توسط ولّیِ رهائی‌دهنده بیانگر چه پیغامی بود؟

آیه‌های زیر (روت ۴ : ۸ - ۱۰) را بخوانید. زیر هر واژه یا عبارتی که تکرار شده است یک خط بکشید .

«پس آن ولّی به بوعز گفت: "تو آن را برای خود بخر"، و کفش از پا به در آورد. آنگاه بوعز به مشایخ و همهٔ قوم گفت: "امروز شما شاهدید که من تمامی مایملکِ اِلیمِلِک و تمامی مایملک کِلیون و مَحلون را از دست نعومی خریدم. همچنین، روتِ موآبی، بیوهٔ مَحلون را نیز به زنی خود گرفتم تا نام آن درگذشته [متوفی] را بر میراث وی باقی نگاه دارم، تا نام او از میان برادرانش و از دروازهٔ شهرش محو نگردد. امروز شما شاهد باشید.»

این مِلک در ابتدا متعلق به چه کسی بود؟

# قاچاق انسان: یک معضل قدیمی

قاچاق انسان، و یا همان برده‌داری مدرن، پیشه‌ای است که با خرید و فروش میلیون‌ها انسان، سالانه ۱۵۰ میلیارد دلار عاید تاجران خود می‌کند. قاچاقچیان، یا به زور و یا با فریب، مردان، زنان، و کودکان را می‌خرند، می‌فروشند، از مکانی به مکان دیگر منتقل می‌نمایند، و برای کار یا سوءاستفاده‌های جنسی به بازار برده فروشان عرضه می‌کنند.

در حالی که قاچاق انسان یک پدیدهٔ نسبتاً جدید به نظر می‌رسد، داستان نعومی و روت گویای این واقعیت است که در فرهنگ آن زمان، انتقال اموال، املاک و (حتی) اشخاص به ملکیت یک شخص دیگر غیر معمول نبوده است. یوسف نیز توسط برادرانش فروخته و توسط فوتیفار خریده شد.

استر نیز برده‌ای بود که (به اجبار) انتخاب شد تا در مسابقهٔ

حالا چه کسی صاحب آن بود؟

بوعز مدعی شد که چه چیز دیگری را بازخرید کرده بود؟

با «از پا درآوردن کفش» توسط ولّیِ نزدیک‌تر، توافقنامه منعقد و تکمیل می‌شد. حالا، مسئولیت روت، نعومی، ملک، و موقعیت خانوادگی آنان به بوعز، یعنی مالک جدید، منتقل شده بود. البته در اینجا باید به این نکته توجه داشت که بازخرید نعومی و روت توسط بوعز، در فرهنگ آن زمان به این معنا نبود که آنها انسان‌ها را خرید و فروش می‌کردند. همهٔ انسان‌ها به شباهت خدا آفریده شده‌اند (پیدایش ۱ : ۲۶ - ۲۷) و هر اقدامی در جهت استثمار و بهره برداری از دیگر انسان‌ها (که همه به شباهت خدا آفریده شده‌اند) بر خلاف آن هدفی است که خدا ما را به آن خوانده است (فیلیپیان ۲ : ۱-۸).

اکنون آیه‌های زیر را که از عهد جدید اقتباس شده‌اند بخوانید. زیر هر واژه یا عبارتی که شباهت به عمل «بازخرید» در فصل چهارم کتاب روت دارد، خط بکشید.

> «آیا نمی‌دانید که بدنِ شما معبد روح‌القدس است که در شماست و او را از خدا یافته‌اید، و دیگر از آنِ خود نیستید؟ به بهایی خریده شده‌اید، پس خدا را در بدن خود تجلیل کنید.» (اول قرنتیان ۶ : ۱۹-۲۰)
>
> «مراقب خود و تمامی گله‌ای که روح‌القدس شما را به نظارتِ بر آن برگُماشته است باشید و کلیسای خدا را که آن را به خون خود خریده است، شبانی کنید.» (اعمال رسولان ۲۰ : ۲۸)

بر اساس این آیه‌ها، ما به چه کسی تعلق داریم؟

چه کسی بهای نجات ما را پرداخت نمود؟

مسیح چگونه زندگی ما را «خرید»؟

زیبایی شرکت کند ... مسابقه‌ای که استر را بخشی از حرمسرای پادشاه ساخت.

برخورد با انسان‌ها به عنوان کالا، هرگز در کلام خدا نادیده گرفته نشده است. برعکس، خدا مدافع ضعیفان (مزمور ۶۸ : ۵-۶ و ۱۴۶ : ۹) و دوستدار عدالت (اشعیا ۶۱ : ۸) است. او ما را نیز فرا خوانده است تا مانند او باشیم (امثال سلیمان ۳۱ : ۸-۹ و یعقوب ۱ : ۲۷).
اگرچه این قربانیان در طول سده‌های متمادی متحمل رنج‌های بسیاری شده‌اند، امّا این را می‌دانیم که خدا قادر است این گونه شرارت‌ها را برای پیشبرد اهداف خود بکار گیرد.

نگاهی گذرا به فصل ۴۲ کتاب پیدایش و یا داستان کتاب استر به روشنی نشان می‌دهد که حتی در تاریک‌ترین شرایط، خدا نقشهٔ خود را برای قومش به پیش می‌برد.

بوعز، این «مالکِ» جدید، چه تغییری در زندگی روت ایجاد کرد؟ از این لحظه به بعد، چه چیزی برای روت تغییر می‌کرد؟

حال که زندگی ما تحت «مالکیت مسیح» قرار گرفته است، در زندگی روزانه و در ابدیت‌مان چه تغییراتی ایجاد خواهد شد؟

هنگامی که نجات ابدی را مثل یک هدیه و به واسطهٔ مسیح دریافت می‌کنید، زندگی شما دیگر از آنِ خود شما نیست. این به آن معنا نیز می‌باشد که از آن لحظه به بعد شکست‌های روحانی، نیازها، و مشکلات شما از آنِ شما نیستند. آنها همه تحت تصرف ولّیِ رهایی‌دهنده، یعنی مسیح خداوند، قرار گرفته‌اند. این واقعیت چقدر باید موجب آرامش و آسایش خاطر ما باشد!

از سوی دیگر، این حقیقت در ما حس مسئولیت ایجاد می‌کند. زندگی ما دیگر از آنِ خودِ ما نیست. هر روز از زندگیمان فرصتی است برای تجلیل او که برای رهاییِ ما چنین بهای گزافی پرداخت نمود.

در حالـی کـه بـر آنچـه مسـیح بـرای شـما انجـام داده اسـت تفکـر می‌کنیـد، کلمـات ایـن سـرودۀ قدیمـی را بـا صـدای بلنـد بخوانیـد و او را پرسـتش کنیـد.

در وصف ولّی و نجات دهنده‌ام
رحم و مروّتش در عمق درماندگی‌ام
سرودها سرایم، حمدش خوانم
تا ابد مدیونش مانم، او را صاحب و سَروَرم خوانم


او که بر آن صلیب رنج کشید
مرا از لعنت گناه آزادی بخشید
با بهای خونش مرا خرید
آمرزشم از گناه مُهر گردید


دِینَم تا به آخر پرداخت نمودی
آزادی و رهایی‌ام تضمین نمودی
بر جهنم و مرگ پیروزی‌ام دادی
به ثروت آسمان اجازۀ ورودم دادی


در وصفِ ولّی و نجات دهنده‌ام
رحم و مروّتش در عمق درماندگی‌ام
سرودها سرایم، حمدش خوانم
تا ابد مدیونش مانم، او را صاحب و سَروَرم خوانم

## روز سوم: یافتن شاهد

روت ۴ : ۹ - ۱۲ را بخوانید.

پس از آنکه بوعز کار خود را با آن ولّیِ بی نام و نشان به پایان رسانید، او با خوشی به همه اعلام نمود که با روت ازدواج خواهد کرد. او به مخاطبین خود چه عنوانی می‌دهد؟ (آیهٔ ۹)

جماعتی که در دروازهٔ شهر نشسته‌اند نقشِ شاهد را ایفا می‌کنند. آنها نه تنها ازدواج بوعز و روت را از نظر قانونی (شرعی) تأیید می‌کنند، بلکه این زوج را برکت نیز می‌دهند.

در طول کتاب‌مقدس، چه در عهد عتیق و چه در عهد جدید، ما با افراد بسیاری مواجه می‌شویم که برکت داده می‌شوند. برخی اوقات، برکت دادن می‌توانست بیانیه‌ای عمومی دربارهٔ شخصی باشد که تحت لطف و عنایت خداوند قرار گرفته بود. و گاهی می‌توانست بیانگر آرزوی کامیابی و موفقیت شخص باشد.

در ارتباط با مفهوم برکت در عهد عتیق، ما به سه موضوع رایج برمی‌خوریم. اول: شخص بزرگتر شخص کوچکتر را برکت می‌داد (عبرانیان ۷ : ۶ - ۷). دوم: برکت به مفهوم لطف مخصوصی بود که ثمرش موفقیت و کامیابی می‌شد (تثنیه ۲۸ : ۳ - ۷). سوم: برکت دادن دعا کردن به درگاهِ خدا بود تا شخصی را برکت دهد (پیدایش ۲۸ : ۳). خدا به اشخاص پارسا و خدا دوست، و نیز به آنانی که از او اطاعت می‌کنند، وعدهٔ برکت داده است (تثنیه ۲۸ : ۱ - ۱۴). در عهد جدید، برکت بیانگر آن رابطهٔ نزدیک و صمیمی است که شخص مسیحی با خدا دارد ... رابطهٔ مبارکی که او به عنوان فرزند خدا و یکی از شهروندان ملکوت خدا آن را تجربه می‌کند (غلاطیان ۳ : ۱۴ و افسسیان ۱ : ۳ و عبرانیان ۶ : ۱۲و۱۵ و ۱۲ : ۱۷ و اول پطرس ۳ : ۹).

سه برکتی را که شاهدان بر روت و بوعز اعلام کردند، در زیر بنویسید.

۱. باشد که ...

۲. باشد که ...

۳. باشد که ...

اولین برکت برای روت طلبیده شد. شاهدین گفتند: «باشد که خداوند این زن را که به خانهٔ تو می‌آید، همچون راحیل و لیَه گرداند که با هم خانهٔ اسرائیل را بنا کردند.»

فصل‌های ۲۹ و ۳۰ از کتاب پیدایش، زندگی و نسب نامهٔ راحیل و لیه، یعنی دو خواهری که یعقوب آنها را به زنی گرفت، را شرح می‌دهد. دوازده فرزند یعقوب دوازده قبیلهٔ اسرائیل را تشکیل دادند.

مردم با طلبِ این برکت برای روت، در واقع چه دعایی برای او می‌کنند؟

در برکت دوم، مردم برای بوعز دعا کردند. آنها در این دعا گفتند: «باشد که در افراته به شایستگی عمل کنی و در بیت لحم پُر آوازه شوی.»

بر اساس پیدایش ۳۵ : ۱۹ نام دیگر شهر افراته چه بود؟

واژهٔ عبری «افراته» به معنی «مکان بارآوری» می‌باشد. با طلبیدن این برکت برای بوعز، مردم دعا می‌کردند تا بوعز، هم بخاطر خودش و هم بخاطر شهرشان، بیت‌لحِم پُر ثمر و کامیاب شود.

بزرگترین شهرت بیت لحم در چیست؟

سومین برکت در ارتباط با فرزندانی بود که بوعز و روت در آینده می‌داشتند: «و خاندان تو همچون خاندان فِرِص باشد که تامار برای یهودا زایید.»

| متی ۱: ۱- ۳ | اول تواریخ ۲: ۵ و ۱۸ |
|---|---|
| کتاب تاریخچۀ عیسای مسیح، پسر داوود، پسر ابراهیم: ابراهیم، اسحاق را آورد، اسحاق، یعقوب را، و یعقوب، یهودا و برادرانش را. یهودا، فِرِص و زراح را از تامار آورد. فِرِص، حصرون را آورد، و حصرون، ارام را. (متی ۱ : ۱ - ۳) | پسران فِرِص، حصرون و حامول بودند ... کالیب پسر حصرون از همسر خود عزوبه و نیز از یریعوت صاحب فرزندانی شد. پسران او اینها بودند: یشر، شوباب، و اردون. (اول تواریخ ۲ : ۵ و ۱۸) |

کدام نام‌ها در هر دو متن وجود دارند؟ به دور هر کدام یک دایره بکشید.

مردم بیت لحم در واقع از نسل فِرِص، پسر یهودا و تامار بودند. شاهدان در آن روز دعا کردند تا بوعز و روت خانوادۀ مهمی در قبیلۀ یهودا تشکیل دهند، خانواده‌ای که مایۀ برکت دیگران بشو د .

پیوند یهودا و تامار به عنوان یک زن و شوهر، بسیار دردناک بود (پیدایش ۳۸). کُلِ داستان آنها، یک آشفتگی پیچیده بود. اما در چنین شرایط آشفته‌ای، قلب خدا نیز برای رهایی و نجات افراد می‌تپید. بواسطۀ فرزندان غیر مشروعی که متولد شدند، بوعز از نسل فِرِص به دنیا آمد. ردۀ نسل فِرِص به داوود ... و در نهایت به عیسی رسید.

بله! این وعدهٔ خاندان فِرِص است. ما خدای رهایی‌دهنده‌ای داریم که همواره در حال نو کردن و احیا نمودن چیزهای از دست رفته است ... خدایی که همیشه در حال عمل است تا با وجود زندگی آشفته و پر از گناه ما، داستان خودش را بنویسد و جلال خود را به نمایش بگذارد.

این سه برکتی که در فصل چهارم روت برای روت و بوعز طلبیده شد، در واقع نشان می‌دهد که همهٔ مردم شهر، بطور یکپارچه و جمعی، دعا می‌کنند تا این خانوادهٔ جدید برکت یافته و کامیاب شود. آن روز، روز جشن و شادی برای همه بود؛ هم برای آنانی که برکت دادند و هم برای آنانی که برکت گرفتند. بدونِ شک، همیشه باید اینطور باشد.

آیا تا بحال کسی شما را بطور خاص برکت داده است؟ اگر بله، آن موقعیت را توضیح دهید.

---

---

---

در پایان مطالعهٔ امروز، شخصی را که به شما نزدیک است انتخاب کنید و برکتی را که مایلید برای او بطلبید، بر روی یک صفحه کاغذ بنویسید. دعای برکت شما باید شامل موارد زیر باشد:

- ذکر کردن خصوصیات مثبت و قابل تحسین شخصیت او
- سپاسگزار بودن بابت تأثیری که او در زندگی شما گذاشته
- ابراز نمودن آرزوی قلبی خود برای او: داشتن یک زندگی شاد و آرام
- امیدوار بودن به اینکه او خدا را بشناسد و با او گام بردارد

پس از آنکه دعای خود را نوشتید، آن را به کسی که این برکات را برای او طلبیدید، بدهید. (برای دیدن اشک‌های شادی یکدیگر آماده باشید!)

## روز چهارم: از فصاحت به فیض

روت ۴ : ۱۳ - ۲۲ را بخوانید.

به نظر شما معنی «بازیافت شدن» چیست؟

شاید در برنامه‌ای تلویزیونی دیده باشید که اتومبیل از کار افتاده‌ای تعمیر شده، و یا خانهٔ مخروبه‌ای بازسازی شده، و یا اثر نقاشیِ فرسوده‌ای ترمیم شده باشد. فرآیند این تعمیرات و بازسازی شدن‌ها را توضیح دهید.

بخش دوم ۴ : ۱۳ را با ۱ : ۴ - ۵ مقایسه کنید. خدا چگونه زندگی روت را بازسازی کرد؟

چه راه‌های دیگری در بازسازی [بازیافت نمودن] زندگی روت نقش داشتند؟

حال بیایید توجه خود را به نعومی معطوف کنیم. در روت ۱ : ۱۳ نعومی گفته بود: «دست خداوند بر ضد من دراز گشته است.» سپس در ۱ : ۲۱ گفت: «من پُر بیرون رفتم، اما خداوند مرا خالی بازگردانید. چرا مرا نعومی بخوانید حال آنکه خداوند مرا ذلیل ساخته و قادر مطلق به مصیبت گرفتارم کرده است؟»

این دو جمله را با آنچه زنان شهر بیت لحم در روت ۴ : ۱۴-۱۵ به او می‌گویند، مقایسه کنید.

_____

_____

_____

چه چیزی در زندگی نعومی بازیافت شد که او در گذشته هیچ امیدی برای بازسازی (بازیافت شدن) آن نداشت؟

_____

_____

_____

چگونه خداوند نه تنها وضعیت کنونی نعومی را ترمیم کرد، بلکه او را برای آینده‌اش نیز امید بخشید؟

_____

_____

_____

_____

روت ۴ : ۱۶-۱۷ را کـه در زیـر نوشـته شـده است بخوانیـد. در زیـر هـر واژه یـا عبارتـی کـه توجـه شـما را بـه طـوری خـاص جلـب می‌کنـد، خـط بکشـید.

> «آنـگاه نعومـی طفـل را گرفتـه، بـر دامـن خویـش نهـاد و دایـهٔ او شـد. و زنـانِ همسـایه‌اش طفـل را نـام نهـاده، گفتنـد: پسـری بـرای نعومـی زاده شـده اسـت، و او را عوبیـد نامیدنـد. او پـدر یَسـا، پـدر داوود اسـت.»

چرا در این بخش، عوبید که پسر روت بود، به عنوان پسر نعومی معرفی می‌شود؟

عوبید در فرآیند بازیافت شدن زندگی نعومی چه نقشی ایفا کرد؟

در آیـهٔ ۱۸، نویسـندهٔ کتـاب روت خاطـر نشـان می‌سـازد کـه عوبیـد از نسـل فِـرِص متولـد شـده بـود. بـه مطالعـهٔ جلسـهٔ قبلـی مراجعـه کنیـد تـا ببینیـد فِـرِص تحـت چـه نـوع شـرایطی بدنیـا آمـده بـود.

اکنون توضیح دهید عوبید تحت چه شرایطی به دنیا آمد.

کولسیان ۱ : ۲۱-۲۲ را که در زیر نوشته شده است، بخوانید. سیر پیشروندهٔ رشتهٔ خانوادگی فِرِص را با تبدیلی مقایسه کنید که من و شما از بی‌ایمانی تا پیروی مسیح در زندگی خود تجربه کرده‌ایم.

> «شما نیز زمانی بیگانه با خدا، و در افکارِ خویش دشمن او بودید، و این در اعمال شریرانهٔ شما پدیدار می‌گشت. اما اکنون مسیح شما را به واسطهٔ بدنِ بشری خود و از طریق مرگ آشتی داده است، تا شما را مقدس و بی عیب و بَرّی از هر ملامت به حضور خدا بیاورد.»

سیر رّد خانوادگی فِرِص تا عوبید و سپس تا داوود، سیری بود از فضاحت به فیض ... از رسوایی به رحمت! و این همان چیزی است که مسیح برای ما انجام می‌دهد. او از ابتدای زندگی ما شروع می‌کند ـ از زمانی که دشمنان خدا بودیم ... از خدا دور افتاده و جدا بودیم ... گناهکار و زیرِ لعنتِ شریعت بودیم ـ او فیض خود را به فراوانی بر ما جاری می‌سازد.

خدا در زندگی شخصی شما چگونه فضاحت را به فیض تبدیل کرده است؟

اگر چه کتاب روت با یک شجره نامه خاتمه می‌یابد، اما این پایان داستان نبود. بر اساس متی ۱ : ۱۶ رشتهٔ خانوادگی بوعز و روت نهایتاً به چه کسی رسید؟

در تاریخ اسرائیل زمانی رسید که مردم یهودا (پادشاهی جنوبی) برای مدتی خسارت و زیان را تجربه کردند. حملهٔ ملخ‌ها به کشتزارها و باغ‌ها و تاکستان‌ها همه چیز را به طور کامل نابود ساخت. تا آنجا که چشم کار می‌کرد، تخریب و ویرانیِ شدید دیده می‌شد ... وضعیتی درست به مانند شرایطی که نعومی در فصل اول کتاب روت با آن روبرو بود. اهالی یهودا نیز شاید تصور می‌کردند که هیچ امیدی برای بهبودی و تغییر وضعیت آنان وجود نداشت.

اما در همین شرایط سخت، در حالی که خدا از طریق یوئیل نبی آنان را به توبه می‌خواند، وعدهٔ بازسازی نیز داد ـ خدا قول داد که همهٔ آنچه را که از دست داده بودند، به آنها بازگرداند.

در حالی که کلام امید بخش یوئیل ۲ : ۲۵-۲۷ را می‌خوانید، به بخشهایی از زندگی خود بیندیشید که در آنها شما نیز خسارت، ضرر و فقدان را تجربه کرده‌اید. دعا کنید تا خدا نه تنها «چیزهای» از دست رفته را ترمیم کند، بلکه رابطهٔ شما با خدا را احیا کرده، و شما را در مشارکت با خودش رشد دهد. سپس او را سپاس گویید که قادر است زندگی در هم شکسته و از دست رفتهٔ شما را شفا بخشیده و ترمیم کند.

> «تمام محصولی را که سال‌های قبل ملخ‌ها، آن لشکر بزرگ و نابود کننده‌ای که بر ضدِ شما فرستادم خوردند، به شما پس خواهم داد!
>
> بار دیگر غذای کافی خورده، سیر خواهید شد و مرا برای معجزاتی که برای شما انجام داده‌ام ستایش خواهید کرد و شما ای قوم من دیگر هرگز خوار نخواهید شد.
>
> ای اسرائیل، شما خواهید دانست که من در میان شما می‌باشم و تنها من خداوند، خدای شما هستم و دیگر هرگز خوار نخواهید شد.» (ترجمهٔ تفسیری)

**روز پنجم:** تصویری از خودِ ما

اشعیا ۶۱ را بخوانید.

امـروز در آخریـن روز از مطالعـۀ ایـن کتـاب هسـتیم. پس بیاییـد کتـاب روت را همچـون یـک آینـه استفاده کنیم تا تصویر خـود را در آن ببینیم. اشـتباه نکنید، مـا در ایـن آینـه نـه دندانهـای خـود را چـک میکنیـم و نـه مـوی سـر خـود را! بلکـه مـا در پـیِ یافتـن تصویـری از خـود در کتـاب روت هستیم.

بـا توجـه بـه آنچـه در ابتـدای ایـن کتـاب خواندیـم، شـما موقعیـت روت را چگونـه توصیـف میکنیـد؟ از میـان واژگان زیـر، بـه دور کلماتـی کـه شـرایط روت را توصیـف میکننـد دایـره بکشـید.

هنگامـی کـه بوعـز وارد صحنـه مـی شـود، بسـیاری از شـرایط تغییـر میکننـد. از میـان واژگان زیـر، بـه دور کلماتـی کـه ایـن شـرایط را توصیـف میکننـد، دایـره بکشـید.

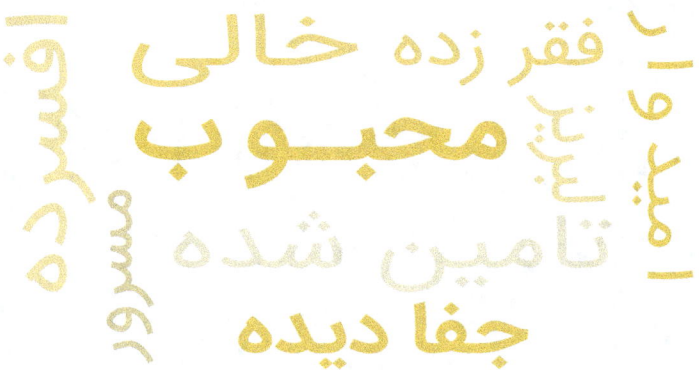

اکنـون بـه ایـن آینـه نزدیک‌تـر شـوید. بـر اسـاس هـر یـک از آیه‌هـای زیـر، وضعیـت غیـر قابـل انـکار روت را قبـل از ملاقـات بـا بوعـز بـا وضعیـت حقیقـی خودتـان قبـل از ایمـان آوردن بـه مسـیحِ نجـات دهنـده، مقایسـه کنیـد.

> «ای خداوند، گوش فرا ده و اجابتم فرما، زیرا که ستمدیده و نیازمندم!»
> (مزمور ۸۶ : ۱)

**روت:**

**من:**

> «امـا بـه همـهٔ کسـانی کـه او را پذیرفتنـد، ایـن حـق را داد کـه فرزنـدان خـدا شـوند، یعنـی بـه هـر کـس کـه بـه نـام او ایمـان آوَرْد؛ آنـان کـه نـه بـا تولـدی بشـری، نـه از خواهـشِ تَـن و نـه از خواسـتهٔ یـک مَـرد، بلکـه از خـدا تولـد یافتنـد.» (یوحنـا ۱ : ۱۲-۱۳)

**روت:**

**من:**

> «امـا چـون زمـانِ مقـرر بـه کمـال فـرا رسـید، خـدا پسـر خـود را فرسـتاد کـه از زنـی زاده شـد و زیـر شـریعت بـه دنیـا آمـد، تـا آنـان را کـه زیـر شـریعت بودنـد بازخریـد کنـد، و بدیـن گونـه مـا مقـام پسـرخواندگی را بدسـت آوریـم. پـس چـون پسـرانید، خـدا روحِ پسـرِ خـود را در دل‌هـای مـا فرسـتاده اسـت کـه نـدا می‌دهـد: ابّـا! پـدر!»
> (غلاطیان ۴ : ۴-۶)

**روت:**

**من:**

> «پیش از ایـن قومـی نبودیـد، امـا اکنـون قـوم خداییـد؛ زمانـی از رحمـت محـروم بودیـد، امـا اکنـون رحمـت یافته‌ایـد.» (اول پطـرس ۲ : ۱۰)

روت:

من:

> «در آن زمـان، شـما کامـلاً جـدا از مسـیح زندگـی می‌کردیـد و جـزو قـوم خـدا نبودیـد و هیچیـک از وعده‌هـای امیدبخـش خـدا شـامل حـال شـما نمی‌شـد. شـما گمـراه و بی‌خـدا و بی‌امیـد بودیـد.» (افسسـیان ۲ : ۱۲ ـ ترجمـه تفسـیری)

روت:

من:

مـا نیـز هنگامـی کـه از مسـیح دور بودیـم، هماننـد روت، فقیـر، درمانـده، و بی‌امیـد بودیـم. امـا ولّـیِ رهایی‌دهنـدۀ مـا همـه چیـز را تغییـر داد. او فیـض و محبـت خـود را بـر مـا جـاری می‌سـازد و بـا تـدارکات و محافظت‌هـای پدرانـه‌اش زندگـی مـا را لبریـز می‌کنـد. عیسـای مسـیح بهـای گـزاف خریـدِ مـا را پرداخـت نمـود تـا مـا را از آنِ خـود سـازد. ایـن حقیقـت چـه واکنشـی در شـما ایجـاد می‌کنـد؟

ما در همراهی با نعومی و روت مسیری طولانی را طی کرده‌ایم. حال که به انتهای راه رسیده‌اید، فهرستی از موضوعاتی تهیه کنید که در مطالعهٔ این کتاب توجه شما را به خود جلب کرده است.

_____

_____

_____

_____

همان‌طور که در مورد مطالعهٔ خود در کتاب روت فکر می‌کنید، به پرسش‌های زیر پاسخ دهید.

- کتاب روت در ارتباط با قلب خدا، راه‌ها و شخصیت او، به شما چه می‌آموزد؟

- این داستان چگونه شما را به سوی مسیح و [پیغام] انجیل هدایت می‌کند؟

- در کتاب روت از پیروی کدام شخصیت باید اجتناب ورزید؟ از کدام شخصیت باید پیروی کرد؟ با توجه به این شخصیت‌ها، چه تغییراتی باید در واکنش‌های ما ایجاد شود؟

بزرگترین درسی را که از مطالعۀ کتاب روت کسب نموده‌اید [داخل این کتابچه] برای خود بنویسید.

اگر به خاطر داشته باشید، مطالعۀ کتاب روت را با اشعیا ۶۱ آغاز نمودیم. بیایید در پایان نیز، این مطالعه را با همین متن خاتمه دهیم. بیایید به پرستش خداوند بپردازیم زیرا او قلب‌های شکستۀ ما را التیام می‌بخشد، ما را از اسارت گناه آزاد می‌سازد، خاکسترهای زندگی ما را به تاجی زیبا تبدیل می‌کند، و به ما شادی می‌بخشد. او ما را رهایی داده و زندگی ما را بازیافت نموده است. آمین!

> «در خداوند شادی بسیار می‌کنم، و جان من در خدایم به وجد می‌آید؛ زیرا مرا به جامۀ نجات ملبس ساخته، و ردای پارسایی به من پوشانیده است؛ همچون دامادی که سرِ خویش را به تاج کهانت می‌آراید، و همچون عروسی که خویشتن را به جواهر زینت می‌دهد.
>
> زیرا چنانکه زمین نباتات خود را می‌رویاند، و باغ، دانه‌های کاشته شده را نمّو می‌دهد، خداوندگارْ یهوه نیز پارسایی و ستایش را در نظر جمیع قومها خواهد رویانید.» (آیه‌های ۱۰-۱۱)

## تبادل افکار در گروه‌های کوچک
## پرسش‌ها

### هفتهٔ اول

- آیا تا به حال شده که به موقعیتی در زندگی خود و یا شخص دیگری بیندیشید و به این نتیجه برسید که ممکن نیست ثمر خوبی حاصل شود؟ گذشتهٔ خود را مرور کنید. آیا بر خلاف تصورتان، نتیجهٔ مطلوبی حاصل شده است؟

- آیا خدا شما را به طوری مخصوص فرا می‌خواند تا در خانواده و یا همسایگی خود برای او بدرخشید؟ چگونه؟

- چنانکه خدا در ایامِ تاریک داورانْ عمل می‌کرد، توضیح دهید چگونه امروزه نیز شخصیت، حضور، و اعمال خدا در موقعیت‌های آشفتهٔ زندگی ما ملموس و غیر قابل انکار است.

- این موضوع که الیملک رفتن به موآب را بر اقامت در بیت لحم ترجیح داد، چه تأثیری بر خانوادهٔ او گذاشت؟ گاهی اوقات ما نیز فرار از مشکلات را بر ماندن در جایی که خدا برای ما در نظر دارد، ترجیح می‌دهیم. این انتخاب نادرست چه تأثیری بر اطرافیان ما می‌گذارد؟

- در مطالعهٔ هفتهٔ اول چه پیغامی شما را در رویارویی با مشکلاتتان تشویق می‌کند؟

## تبادل افکار در گروه‌های کوچک
## پرسش‌ها

### هفتهٔ دوم

- آیا شما کسی را می‌شناسید که آنقدر دور افتاده باشد که دیگر امیدی برای بهبودی وضعیت او وجود نداشته باشد؟ برای او دعا کنید تا با مسیح ملاقات کند و از گناه آزاد شو د .

- چرا به عوض توبه، ما غالباً ترجیح می‌دهیم تا به موآب‌ها بگریزیم؟ چرا در نهایت، توبه بهترین گزینه است؟

- در خلال شرایط دشوار، آیا برای جان خود آرامشِ در مسیح را یافته‌اید؟ چگونه؟

- روزهایی از زندگی خود را در نظر آورید که طریق سرسپردگی و خدمت را برای خود برگزیدید. در انتخاب این مسیر، لازم بود به چه چیزهایی پشت کنید؟ خدا چگونه از طریق تصمیم شما نقشهٔ خود را به پیش بُرد؟

- آیا انتخاب روت و سرسپردگی او نسبت به نعومی، شما را شخصاً به چالش می‌کشد؟ چگو نه ؟

تبادل افکار در گروه‌های کوچک
پرسش‌ها

## هفتۀ سوم

- چگونـه دیـدگاه شـما دربـارۀ خـدا، بـر واکنـش شـما نسـبت بـه اتفاقـات زندگـی تاثیـر می‌گـذارد؟ آیـا مطالعـۀ ایـن هفتـه دیدگاهـی معیـوب و نادرسـت را کـه شـاید نسـبت بـه خـدا داریـد، آشـکار کـرد؟

- آیـا خـدا در ارتبـاط بـا شـرایط دشـوار زندگـی‌تـان، دیدگاهـی متفـاوت بـه شـما بخشـیده اسـت؟ در حـال یـاد گرفتـن چـه درسـی هسـتید؟

- آیـا شـما رهایـی از مشـکل تلخـی را تجربـه کرده‌ایـد؟ آیـا شـخص دیگـری را نیـز می‌شناسـید کـه همیـن موضـوع را تجربـه کـرده باشـد؟ آزادی از تلخـی چـه تغییراتـی در زندگـی بـه وجـود مـی‌آورد؟

- چـرا مـا غالبـاً تـا زمانـی کـه بـه مرحلـۀ عجـز و درماندگـی نرسـیم، بـه سـوی خـدا بـاز نمی‌گردیـم؟

- در ارتبـاط بـا مشـیت الاهـی [عنایـاتِ خداونـد ـ آینده‌نگـری و تـدارکات او] کـه خـدا بـرای زندگـی شـما دارد، چگونـه داسـتان نعومـی و روت شـما را ترغیـب می‌کنـد تـا بیشـتر و عمیق‌تـر بـه خـدا اعتمـاد کنیـد؟

۱۵۶

## تبادل افکار در گروه‌های کوچک
## پرسش‌ها

### هفتهٔ چهارم

- در مطالعهٔ این هفته، زندگی روت چه قسمت‌هایی از زندگی شما را به چالش کشید؟ آیا بخشی در زندگی شما وجود دارد که خدا از شما انتظار دارد تغییراتی بوجود آورید؟

- در حال حاضر خدا چه مسئولیت‌هایی بر عهدهٔ شما گذاشته است؟ چگونه عمل کردن به وظایف‌تان می‌تواند وسیله‌ای برای پرستش خدا باشد؟

- هنگامی که شما برای رفع نیازهای خود، به جای توکل بر فیض خداوند، اعتماد خود را بر کسی و یا چیزی جز خدا می‌نهید، چه نتایج دردآوری را تجربه می‌کنید؟

- چه چیزی در زندگی شما ثابت می‌کند که در زیر بالهای خداوند پناه گرفته‌اید؟ پناه بردن در زیر بالهای خداوند چه نتایجی در زندگی شما حاصل کرده است؟

- مسیح چگونه ثابت کرده که او ولّیِ رهایی‌دهندهٔ شماست؟ این واقعیت چه ارزشی در زندگی امروز شما دارد؟ ارزش آن برای ابدیت شما چیست؟

تبادل افکار در گروه‌های کوچک
پرسش‌ها

## هفتۀ پنجم

- نظر شما دربارۀ شهامتی که روت در خرمنگاه بوعز از خود نشان داد چیست؟

- در حالی که روت از لحاظ مادی چیزی نداشت که ارائه دهد، بوعز در این ازدواج تقریباً همه چیز را برای روت فراهم می‌کرد. این موضوع چه شباهتی به وضعیت ما، هنگامی که ما به مسیح ایمان می‌آوریم، دارد؟

- آیا داستان روت شما را در رویارویی با شرایط زندگی‌تان امید بیشتری بخشیده است؟

- آیا تمایل روت برای صبر کردن، شما را در شرایط کنونی‌تان دلگرم می‌کند یا به چالش می‌کشد؟ چگونه؟

- آیا تا به حال شده که [به جای صبر کردن برای خدا] سعی کرده باشید با برنامه و زمان‌بندی خودتان پیش بروید؟ چه نتیجه‌ای حاصل شده است؟

## تبادل افکار در گروه‌های کوچک
## پرسش‌ها

### هفتهٔ ششم

- آیا زمانی را به خاطر دارید که خدا شما و یا یکی از اطرافیان‌تان را «بازیافت» کرده باشد؟ آن جریان را شرح دهید.

- در طول این مطالعه، چه حقایق تازه‌ای یاد گرفتید؟

- در طول این مطالعه، چه حقایق آشنایی در قلب و ذهن شما دوباره احیا شده‌اند؟

- خدا شما را برای عملی کردن چه قدم‌هایی برانگیخت؟

- آیا مطالعهٔ کتاب روت دیدگاه شما را نسبت به موقعیت‌های مختلف زندگی تغییر داده است ... نگرشی که پیش از مطالعهٔ کتاب روت نداشتید؟ توضیح دهید.